KW-329-809

Y GREFFT

Caws Cymru

Eurwen Richards

Addasiad gan Esyllt Nest Roberts

Gwasg Carreg Gwalch

© *Testun: Eurwen Richards 2006*

Cyhoeddir gan Wasg Carreg Gwalch yn 2006.
Cedwir pob hawl. Ni chaniateir atgynhyrchu na darlledu
unrhyw ran/rannau o'r gyfrol hon,
mewn unrhyw ffurf na modd, heb ganiatâd ymlaen llaw.

Rhif rhyngwladol: 1-84527-036-3

Gwasg Carreg Gwalch,
12 Iard yr Orsaf, Llanrwst, Conwy,
Cymru LL26 0EH.
Ffôn: 01492 642031 Ffacs: 01492 641502
e-bost: llyfrau@carreg-gwalch.co.uk lle ar y we: www.carreg-gwalch.co.uk
Argraffwyd a chyhoeddwyd yng Nghymru.

Cydnabyddiaeth :

Amgueddfa Werin Cymru: 17, 27, 30, 49, 52, 53:

Casgliad yr awdur: 22A, 26, 50

Gwasg Carreg Gwalch: 19, 22B, 29, 33-48, 75, 76, 80, 89-104

Hufenfa Llandyrnog/Corwen: 6, 7, 11, 13, 15, 61A, 68

Hufenfa Four Crosses – Derek James: 21, 61B

Hufenfa Johnstown – Bill Johnston and John Treharne: 57, 67

John Hughes, Llangernyw: 58

SCC, Chwilog: 62, 64-6, 86, 87, 92B

Asiantaeth fwyd WDA: 90B, 91A, 99B, 101A, 102A

Pant Mawr: 79, 98

Gorwydd: 93

Caws Celtica: 100A

John Donovan: 25

CAWS CYMRU

Cynnwys

Ysgeintio halen dros y caul wrth iddo gael ei falu; Llandyrnog, diwedd y 1930au

Diolchiadau

Hoffwn ddiolch i bawb sydd wedi bod yn gweithio neu'n ymwneud â'r diwydiant caws yng Nghymru ac sy'n rhannu'r un angerdd â minnau; ni fyddai'r gyfrol hon yn bodoli heboch. Rwy'n ddiolchgar i lawer, ar y ffermydd ac yn yr hufenfeydd, a fu o gymorth imi wrth ymchwilio i'r gorffennol yn ogystal â sicrhau bod yr wybodaeth yma mor gyfredol â phosib. Cefais gyfle i ymweld â phob gwneuthurwr caws a threuliais sawl orig ddifyr yn eu cwmni hwy yn ogystal â chyn reolwyr a gweithwyr yr amryfal hufenfeydd.

Hoffwn gydnabod cymorth gweithwyr llyfrgelloedd sir ac archifdai gan gynnwys y rhai ym Mhenarlâg, Rhuthun, Penfro, Caerfyrddin a Phen-y-bont ar Ogwr, yn ogystal ag Amgueddfa Werin Cymru, Sain Ffagan a'r Llyfrgell Genedlaethol yn Aberystwyth.

Pastio'r clwtyn ar y caws Caer yn Llandyrnog, diwedd y 1930au

Gwneuthurwyr a chyflenwyr caws Cymru

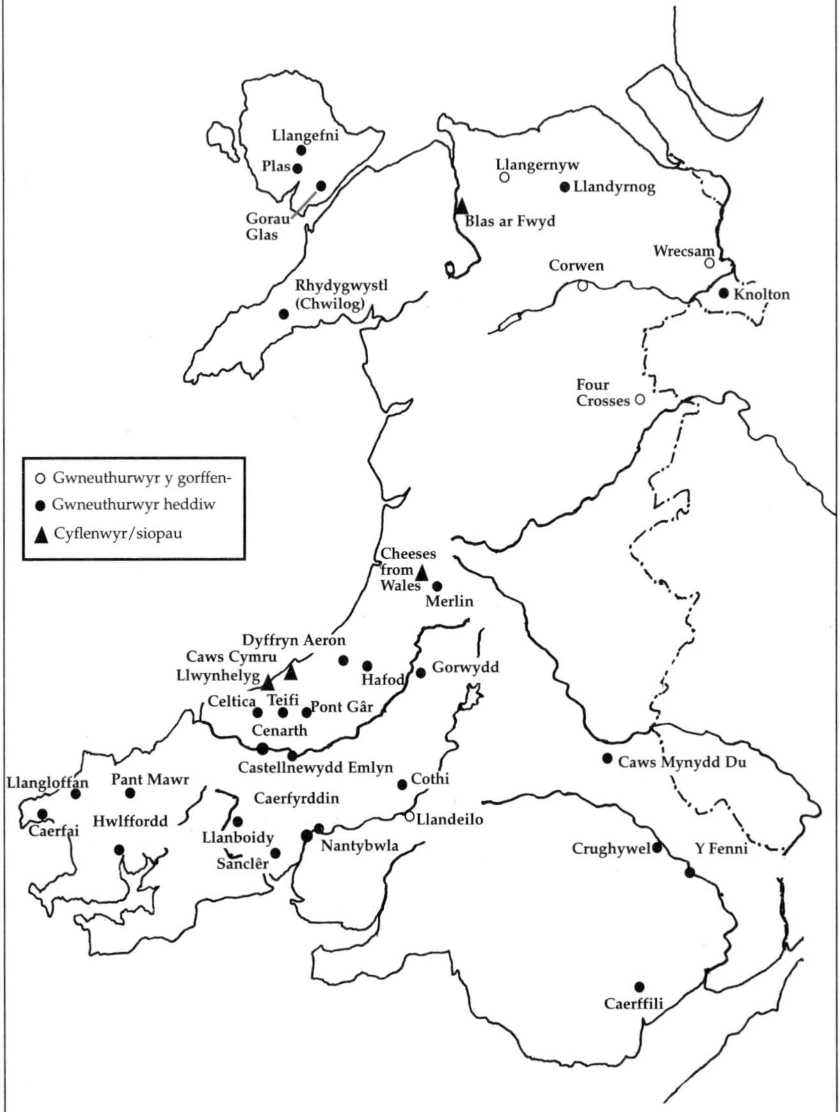

Llangefni

Plas

Gorau
Glas

Llangernyw

Llandyrnog

Blas ar Fwyd

Corwen

Wrecsam

Knolton

Rhydygwystl
(Chwilog)

Four
Crosses

O Gwneuthurwyr y gorffen-
● Gwneuthurwyr heddiw
▲ Cyflenwyr/siopau

Cheeses
from
Wales

Merlin

Dyffryn Aeron

Caws Cymru
Llwynhelyg

Hafod

Gorwydd

Celtica Teifi

Pont Gâr

Cenarth

Castellnewydd Emlyn

Cothi

Caws Mynydd Du

Llangloffan

Pant Mawr

Caerfyrddin

Caerfai

Hwlffordd

Llanboidy

Nantybwla

Llandeilo

Sanclêr

Crughywel

Y Fenni

Caerffili

Cyflwyniad

Mae caws yn fwyd maethlon a welir ledled y byd: pa le bynnag fo dyn wedi dofi anifeiliaid, defnyddir llaeth mewn rhyw fodd neu'i gilydd. Caiff caws ei wneud o laeth da godro, defaid a geifr yn ogystal â llaeth llawer o anifeiliaid eraill megis iaciaid, lamaod, camelod a cheirw er enghraifft. O'r herwydd fe geir amrywiaethau anhygoel o wahanol fathau o gaws, a'r math o anifail, bwyd yr anifail hwnnw a'r dulliau cynhyrchu yn dylanwadu ar y cynnyrch terfynol.

Ystyrir mai caws Caerffili yw prif gaws Cymru ond ar hyd y canrifoedd gwnaed sawl math o gaws gwahanol ledled y wlad. Yn anad dim, cysylltwyd y gogledd-ddwyrain â chaws Caer. Yn ystod yr ugeinfed ganrif disodlwyd caws fferm gan gynnyrch hufenfeydd ac am ddegawdau defnyddiai hufenfeydd Cymru y dechnoleg ddiweddaraf i wneud caws o safon uchel iawn. Bryd hynny byddai caws Cymreig yn cael ei alw'n gaws 'Seisnig' gan fod y gair 'Cymreig', ar gam, yn awgrymu cynnyrch eilradd. Er bod y mwyafrif o'r hufenfeydd a arferai wneud caws yng Nghymru wedi cau erbyn hyn, mae'r caws a wneir heddiw yn parhau i fod o'r radd flaenaf gyda galw mawr amdano.

Yn ystod y deg ar hugain i ddeugain mlynedd diwethaf atgyfodwyd y grefft o wneud caws fferm ar raddfa fechan ac erbyn hyn gwneir amrywiaeth o wahanol fathau o gaws yng Nghymru. Mae nifer ohonynt wedi ennill gwobrau anrhydeddus mewn cystadlaethau yn erbyn cawsiau o Brydain ac Iwerddon yn ogystal â chynnyrch o dramor.

Ceir nifer o gyhoeddiadau sy'n rhestru ac yn disgrifio'r gwahanol gawsiau a gynhyrchir ledled y byd, gan gynnwys Cymru, ond mae'r gyfrol hon yn canolbwyntio'n benodol ar y cawswyr Cymreig, yn enwedig y rhai sy'n gwneud cawsiau arbenigol. Fe welir rhestr o ffynonellau a chyfeiriadau yn y gyfrol hefyd.

Crynodeb o hanes gwneud caws

DECHREUAD CAWS

Mae caws wedi bod yn rhan bwysig o ddeiet dyn ers miloedd o flynyddoedd. Pan ddofwyd anifeiliaid daeth llaeth a chig yn fwyd gwerthfawr ac un ffordd o ymestyn oes llaeth oedd drwy ei droi'n gaws. Er mwyn gwneud caws rhaid ceulo llaeth a chadw'r rhan soled (y ceulion): dyma'r hyn a elwir yn gaws.

Ymysg y dystiolaeth weledol gynharaf sy'n dangos llaeth yn cael ei geulo gwelir cerfiad Swmeraidd o El-Ubaid sy'n dyddio rhwng 3500 a 2800 CC, a lluniau ar fur ogof o'r Sahara Libiaidd sy'n dyddio rhwng 5500 a 2000 CC. Prin iawn yw'r offer sydd wedi goroesi ond credir bod potiau tyllog sy'n dyddio o'r Oes Efydd wedi cael eu defnyddio wrth wneud caws. Sonnir am wneud caws yn yr Hen Destament: yn 1 Samuel 17:18 sy'n dyddio oddeutu 1017 CC gofynnir i Dafydd gymryd 'deg cosyn gwyn' ac yn Job 10:10 sy'n dyddio oddeutu 1520 CC mae Job yn gofyn: 'Oni thywelltais fi fel llaeth; a'm ceulo fel caws?'

Roedd caws yn fwyd poblogaidd yng nghyfnod yr Ymerodraeth Rufeinig a daeth yn beth cyffredin yn y tiriogaethau a feddiannwyd gan y Rhufeiniaid. Tua thair canrif ar ôl goresgyniad y Rhufeiniaid ym Mhrydain roedd traethawd a ysgrifennwyd gan Palladius yn cynnwys cyngor ynghylch gwneud caws.

Mae datblygiad y traddodiad gwneud caws yn ddyledus iawn i'r urddau mynachaidd a flodeuodd yn Ewrop. Cofnodwyd ryseitiau caws a gwybodaeth werthfawr am brosesau gwneud caws ganddynt. Ym Mhrydain datblygodd mynaich Abaty Jervaulx ac Abaty Fountains gaws y Dyffrynnoedd; mae'r caws *Wensleydale* yn parhau hyd heddiw. Nid oes tystiolaeth fod hyn wedi digwydd yng Nghymru er bod caws yn cael ei ystyried yn gynnyrch masnachol yn y ddegfed ganrif yn ôl Cyfreithiau Hywel Dda.

Y TRADDODIAD GWNEUD CAWS YNG NGHYMRU: OES Y TUDURIAID HYD AT Y DDEUNAWFED GANRIF

Tir pori yw cefn gwlad Cymru'n bennaf gyda chadwyni o fynyddoedd ysblennydd a gwastadeddau toreithiog. O laeth gwartheg y gwnaed y mwyafrif o gaws Cymreig er iddi ar un adeg fod yn arfer cyffredin mewn rhai ardaloedd i gymysgu llaeth defaid a llaeth da godro. Ceir cyfeiriad achlysurol at wneud caws o laeth geifr yn y cyfnod hwnnw hefyd.

Gan fod y wlad yn llawn ffermydd bychain, at iws y cartref y gwnaed

Y llwyth cyntaf o gaws o ffatri gaws coleg amaethyddol Lleweni yn 1918, ar ei ffordd i aeddfedu yn storfa'r Wern – y fferm sydd yn ymyl hufenfa bresennol Llandyrnog

y rhan fwyaf o'r menyn a'r caws. Serch hynny, pan ddatblygodd yr ardaloedd diwydiannol – cymoedd de Cymru er enghraifft – a phan ddechreuodd pobl symud oddi wrth y tir, daeth yn rheidrwydd i gynhyrchu bwyd ar eu cyfer hwythau hefyd. Yn fuan iawn fe ddaeth yr incwm a wnaed o werthu'r cynnyrch a oedd dros ben yn rhan hanfodol o economi'r ffermydd.

Yn ei herthygl am wneud caws ym Morgannwg noda Minwel Tibbott fod llyfrau porthladdoedd Cymru 1550-1603 yn dangos pwysigrwydd masnachol allforio menyn a chaws o sawl rhan o Gymru. Mor gynnar â 1552 soniodd Thomas Phaer am 'lwytho peth wmbredd o ymenyn a chaws ar hyd arfordir Morgannwg'. Sonia Minwel Tibbott fod caws yn cael ei allforio'n rheolaidd o Gaerdydd i Fryste a gorllewin Lloegr ym mlynyddoedd cynnar yr ail ganrif ar bymtheg.

Yn rhyfedd iawn, yn y *Review of Agriculture in North Wales* 1794, ni cheir sôn am fuches laeth na chynhyrchu caws yn yr ardal sy'n ffinio â siroedd Seisnig swydd Gaer a swydd Amwythig, er ei bod yn hysbys fod caws yn cael ei wneud yno ar ddiwedd yr unfed ganrif ar bymtheg. I'r gwrthwyneb, fe sonnir bod ffermydd helaeth a llwyddiannus yn swydd Gaer a swydd Amwythig a chânt glod am wneud caws heb ei ail.

Wrth gyfeirio at Ddyffryn Clwyd yn y gyfrol *The Beauties of England*

and Wales a gyhoeddwyd yn 1812, mae J. Evans yn canmol ansawdd y tir pori ar gyrion afon Dyfrdwy gan ddweud bod 'y caws yn cyfrannu at enwogrwydd swydd hynafol Caer'. Roedd rhyw fath o gaws Caer a wnaed yng Nghlwyd yn cael ei allforio i Gaer ac i Lerpwl. Er ei fod yn fynych gael ei ystyried yn gaws eilradd o'i gymharu â'r caws a wnaed yn siroedd Seisnig Caer ac Amwythig, dyfarnwyd caws Caer William Jones, Fferm Pistyll, yr Hob ger yr Wyddgrug yn fuddugol yn Sioe Frenhinol Cymdeithas Amaethyddol Lerpwl, Manceinion a Gogledd Swydd Gaerhirfryn pan ddathlodd y sioe ei chanmlwyddiant yn 1867.

Hyd at yr ugeinfed ganrif roedd yn arferiad cyffredin i dynnu'r hufen oddi ar y llaeth, defnyddio'r hufen i wneud menyn, a gwneud caws gyda'r llaeth glas. Dim ond caws ar gyfer pobl fwy cefnog neu at ddibenion marchnata arbennig a wnaed o laeth cyflawn heb ei sgimio. Rhesymau economaidd oedd y tu ôl i'r arfer o dynnu'r hufen oddi ar y llaeth gan fwyaf am mai menyn oedd y cynnyrch mwyaf proffidiol, a ph'run bynnag, fe ellid gwneud caws gyda'r llaeth glas a oedd yn weddill. Wrth sgimio â llaw byddai digon o fraster ar ôl yn y llaeth i wneud caws o safon digon derbyniol ond wedi dyfodiad yr hidlen laeth fecanyddol ni fyddai fawr o fraster ar ôl yn y llaeth. O'r herwydd byddai ansawdd y caws yn amrywio'n fawr, gan ddibynnu ar effeithiolrwydd y broses sgimio.

Mewn erthygl am *'The Agriculture of Pembrokeshire'* yn 1887 dywed un W. Barrow Well fod 'ansawdd caws sir Benfro yn eilradd i gaws *Cheddar*. Fel rheol y mae'n brin o fraster o gael ei wneud o laeth glas'. Ond er y sylwadau am ansawdd, byddai peth wmbredd o gaws yn cael ei werthu mewn ocsiwn ar brydiau.

Cyhoeddodd J. Evans sylwadau am ei deithiau yng Nghymru mewn cyfrol o'r enw *Letters written during a tour through South Wales* ac yn ei seithfed llythyr am *'The State of Agriculture in Glamorganshire'* y mae'n nodi: 'yn y mannau hynny ble mae menyn yn brif nwydd ni ddylech ddisgwyl i'r caws fod o'r ansawdd gorau. Mae'r caws a gynhyrchir yn ne Cymru yn eilradd a'r Cymry'n ei fwyta pan fo'n newydd. O'i gadw bydd yn caledu.' Y mae hefyd yn cyfeirio at yr arferiad o gymysgu llaeth da godro a llaeth defaid gan ddweud nad yw'r caws a wneir o'r gymysgedd honno, o'i adael i aeddfedu, 'fawr salach – os o gwbl – na'r caws *Parmesan* ymffrostgar.' Yn ôl Evans, 'mae caws a gynhyrchir yn Ewenni yn cael ei werthu am swllt y pwys tra bod cynnyrch llaethdai ardal Sain Ffagan yn un geiniog ar bymtheg.'

Y BEDWAREDD GANRIF AR BYMTHEG A'R UGEINFED GANRIF
Cyrhaeddodd ton o wybodaeth wyddonol newydd ynghylch y byd

Y dyddiau cynnar yng Nghorwen

amaeth a'r newidiadau a oedd ar droed o fewn y byd hwnnw yn sgîl y chwyldro amaethyddol a'r chwyldro diwydiannol. Dylanwadodd y gwelliannau i fuchesi, i borfeydd a phorthiant y gaeaf ar y llaeth a gâi ei gynhyrchu ond ni newidiwyd fawr ddim ar y grefft o wneud caws. Hyd at flynyddoedd olaf y bedwaredd ganrif ar bymtheg ychydig iawn o ddealltwriaeth wyddonol am brosesau gwneud caws a feddai'r gwneuthurwyr ond fe wyddai ambell unigolyn sut y gallai gwybodaeth wyddonol fod o fudd iddynt. Ganed Joseph Harding, mab i deulu o wneuthurwyr caws, yng Ngwlad yr Haf yn 1805. Diwygiwr ydoedd ac fe deithiodd yn helaeth ledled Prydain. Gwelodd fod cynnydd yn y caws a gâi ei fewnforio a sylweddolodd y dylai caws fferm gyrraedd yr un safon â'r caws hwnnw. Er na chafodd ei ymdrechion groeso brwd ym mhobman, cyhoeddwyd ei draethawd *'The Practical Aspects of Cheesemaking'* yn yr *Ayrshire Advertiser* ar y 29ain o Orffennaf, 1859.

Yn ystod y bedwaredd ganrif ar bymtheg dechreuodd Cymdeithas Amaethyddol Frenhinol Lloegr bryderu ynghylch addysg a hyfforddiant amaethyddol. Cyhoeddwyd cylchgronau'n llawn gwybodaeth yn ogystal â chyfres o lyfrynnau am y grefft o wneud caws. Cafwyd cyngor gan George Gibbons a oedd yn nodweddiadol o'r cyfnod hwnnw: 'Yr hyn sydd ei angen gyntaf yw llaeth melys, pur o ansawdd da . . . fe ddylai'r

13

llaethdy a'r ardal o amgylch y llaethdy fod yn gwbl lân . . . dylid golchi pyrsau a thethi'r gwartheg a dwylo'r godrwyr yn drylwyr cyn dechrau godro.' Gwyddai pawb yn dda fod glanweithdra'n gwbl hanfodol ac fe fynnai'r hufenfeydd, neu'r ffatrïoedd llaeth fel y'u gelwid bryd hynny, fod y llaeth a gaent yn cyrraedd y safonau glendid angenrheidiol.

Er i George Kay nodi yn 1794 fod ffermwyr Cymru yn 'ddiog a disymud', mae'n amlwg eu bod hwythau yr un mor ymwybodol o'r newidiadau a'r gwelliannau hyn â'r ffermwyr dros y ffin.

Yn ystod ail hanner y bedwaredd ganrif ar bymtheg bu cryn arbrofi er mwyn ceisio gwneud caws gwell â'i safon yn gyson, a dyna pryd y dechreuwyd adnabod y mathau mwyaf llwyddiannus o gaws wrth eu henwau. Serch hynny, fe barhaodd y grefft o wneud caws i fod yn waith cywrain tu hwnt gyda medrusrwydd y cawsiwr unigol o'r pwys mwyaf.

Mudodd nifer helaeth o boblogaeth Cymru yn ystod y bedwaredd ganrif ar bymtheg – oherwydd datblygiadau pyllau glo de Cymru er enghraifft. Cynyddodd poblogaeth Caerdydd o 1,870 yn 1801 i 32,954 yn 1861 ac ar yr un pryd yn yr ardal honno gwelwyd cynnydd yn y galw am gaws Caerffili. Noda Minwel Tibbott fod glowyr yn fodlon talu 7 geiniog y pwys am gaws Caerffili yn hytrach na phrynu caws 'American' am 3 ceiniog y pwys. Rhyw fath o *Cheddar* oedd y caws 'American' ond ni châi ei ystyried yn gaws o safon uchel iawn.

Yn ystod degawd olaf y bedwaredd ganrif ar bymtheg dechreuwyd graddio a 'stampio' caws Caerffili. Cynhelid ffeiriau caws a sioe flynyddol yn Neuadd y Farchnad, Caerffili ac yno byddai Mr Edward Lewis, gofalwr Neuadd y Farchnad, yn profi'r cynnyrch. Os oedd y caws yn dderbyniol roedd yn nodi hynny â'r marc swyddogol. Câi caws ei raddio yn Neuadd y Farchnad hyd at yr ugeinfed ganrif ond ni ddaeth neb i gymryd lle Mr Edward Lewis ar ôl iddo farw yn 1909.

Ym mlynyddoedd cynnar yr ugeinfed ganrif gwelwyd gostyngiad sylweddol mewn gwneud caws fferm wrth i ffermwyr ennill mwy o elw drwy werthu llaeth i'r fasnach laeth. Sefydlwyd cysylltiadau rheilffordd uniongyrchol â Llundain a threfi mawrion eraill o ardaloedd gwledig megis Llangefni yng ngogledd Cymru a Hendy-gwyn ar Daf yn ne Cymru. Agorwyd canolfannau casglu llaeth hefyd, a datblygwyd rhai o'r canolfannau hyn er mwyn iddynt fedru gwneud menyn a chaws pan fyddai gormod o laeth wedi dod i mewn. Er enghraifft, gwnaed caws yn Four Crosses ac ym Mhen-sarn, a menyn yn Llangefni a Phontllanio.

Fodd bynnag, yn yr ardaloedd mynyddig, y tu hwnt i'r cyfleusterau teithio amgenach hyn, bu ffermydd yn gwneud caws hyd at yr ugeinfed ganrif. Yn ei gyfrol *The Great British Cheese Book*, disgrifia Patrick Rance gaws Mrs Ceinwen Davies o Fferm Gwybedog, un o'r hanner cant a

Pencampwyr caws (Corwen) gyda'r gweisg caws yn y cefndir

phedair o ffermdai ar fynydd Epynt yn sir Frycheiniog. Yn 1940 hawliwyd y tiroedd eang hyn gan y llywodraeth ar gyfer hyfforddiant milwrol a hyd heddiw fe'u defnyddir i'r diben hwnnw. Er mwyn gwneud rhyw fath o gaws Caerffili byddai Mrs Davies yn cymysgu galwyn o laeth defaid gyda llaeth dwy fuwch – a llaeth un o'r rheiny wedi ei sgimio. Gadewid y caws i aeddfedu am ddeufis o leiaf, ond yn aml byddai'n aeddfedu am hyd at chwe mis. Os nad oedd yr holl gaws yn cael ei ddefnyddio ar y fferm, câi ei werthu yn Llanwrtyd neu ei gadw ar gyfer Ffair Aberhonddu ym mis Tachwedd.

Y BYRDDAU MARCHNATA LLAETH
Newidiodd amaethyddiaeth ym Mhrydain yn sgîl argyfyngau cenedlaethol cyfnod y Rhyfel Byd Cyntaf. Fel yng nghyfnod yr Ail Ryfel Byd, y ffermwr Prydeinig oedd yn bennaf gyfrifol am gyflenwi bwyd i drigolion Ynysoedd Prydain i sicrhau nad oeddent yn newynu. Ond ar ôl y Rhyfel Byd Cyntaf gwelwyd cwymp y 1920au a ddilynwyd gan ddirwasgiad y 1930au. Roedd y diwydiant amaeth a'r diwydiant llaeth mewn argyfwng. Llwyddodd nifer o ffermwyr i oroesi ar ôl i'r Byrddau Marchnata Llaeth gael eu sefydlu ac ni ddylid anghofio hanes y dirwasgiad

a'r ymdrechion i oroesi wrth i ni heddiw ddod yn fwyfwy dibynnol ar fwydydd sy'n cael eu mewnforio yn hytrach na chynnyrch lleol.

Dechreuodd Bwrdd Marchnata Llaeth Lloegr a Chymru weithredu ym mis Hydref 1933 ar ôl iddo gael ei sefydlu o dan awdurdod Deddf Marchnata Amaethyddiaeth 1931. Y Bwrdd oedd yn gyfrifol am farchnata'r holl laeth a gynhyrchid yn Lloegr a Chymru. Yn y bôn, cwmni cydweithredol gorfodol o ffermwyr llaeth a gâi ei gefnogi gan awdurdod cyfreithiol ydoedd. Sefydlwyd byrddau cyffelyb yn yr Alban a Gogledd Iwerddon yn ddiweddarach.

Oherwydd rheolau llym mewn cyfnod o ryfel, cyfyngwyd yn arw ar faint o gaws a gâi ei wneud yn ogystal â'r mathau o gaws y gellid eu gwneud yn y DU yn ystod ac ar ôl yr Ail Ryfel Byd. Pan oedd bwyd yn cael ei ddogni, dim ond caws wedi ei fewnforio o America a fyddai ar gael yn aml iawn ac fe gâi dderbyniad gwresog waeth pa mor flasus ydoedd. Hyd heddiw fe gaiff caws *Cheddar* mwyn ei alw'n gaws 'American' mewn rhai mannau yn ne Cymru.

Daeth cyfyngiadau'r rhyfel i ben yn 1954 a chafwyd rhwydd hynt i wneud caws unwaith yn rhagor yn y DU. Cyn ac ar ôl y rhyfel a'i gyfnod o gyfyngiadau, byddai llawer o wneuthurwyr caws *Cheddar* de-orllewin Lloegr yn gwneud caws Caerffili hefyd a châi llawer o'r caws hwnnw ei yrru i Gymru i'w werthu.

Roedd y Bwrdd Marchnata Llaeth yn cefnogi gwneud caws fferm yn ogystal â chawsiau traddodiadol megis *Cheddar* a chaws Caer, a chawsiau newydd hefyd. Erbyn y 1960au roedd deuparth y caws a gâi ei wneud yn hufenfeydd Lloegr a Chymru (o'i gyferbynnu â chaws fferm) yn cael ei wneud yng Nghymru a hyd at y 1970au a'r 1980au cynnar, prin iawn oedd y ffermydd a wnâi gaws er mwyn ei werthu. Erbyn diwedd y 1970au a dechrau'r 1980au blagurodd diddordeb newydd mewn darganfod ac adfywio'r cawsiau traddodiadol, ond roedd caws Caerffili

Cynhyrchwyr llaeth a gwneuthurwyr caws fferm o fewn Bwrdd Marchnata Llaeth Lloegr a Chymru (nid oes rhifau ar wahân i Gymru)		
Blwyddyn	*Cyfanswm cynhyrchwyr llaeth*	*Cyfanswm gwneuthurwyr caws fferm*
1939	95,412	1,121
1945	131,254	221
1950	143,019	129
1955	138,305	126
1960	121,376	221
1965	99,219	279
1970	79,011	237
1975	58,532	293
1980	42,725	249

Perchnogion ffermydd a gweithwyr ffatri gaws ym Mhlas Du, Chwilog c.1918

yn parhau i gael ei wneud gan wneuthurwyr caws *Cheddar* de-orllewin Lloegr, megis *Greens of Glastonbury, Barbers of Ditcheat* a *Duckett of Wedmore*. (Yr olaf o'r tri yw'r unig wneuthurwr caws Caerffili traddodiadol erbyn heddiw.)

Yn 1984 gosodwyd cwotâu ar gynhyrchwyr llaeth mewn ymgais i geisio cyfyngu ar y llaeth a gynhyrchid yn Ewrop. Pe bai ffermwr yn cynhyrchu mwy na'i gwota fe allai gael ei ddirwyo'n ariannol. Cymhelliad i arallgyfeirio ac i ailddechrau gwneud caws fferm oedd hyn, yn hytrach na thywallt y llaeth a oedd ar ôl i lawr y draen.

Yn 1986 lluniodd y Bwrdd Marchnata Llaeth restr o'r holl wneuthurwyr caws cartref yn Lloegr a Chymru, gan gynnwys y rhai a oedd wedi ailddarganfod cawsiau traddodiadol, yn ogystal â'r gwneuthurwyr caws *Cheddar* a chaws Caer a oedd wedi hen sefydlu. Erbyn 1986 roedd allgynnyrch y caws fferm wedi cynyddu i fod yn dros 10% o'r holl gaws a gynhyrchid yn Lloegr a Chymru.

Yn dilyn beirniadaeth gynyddol a awgrymai fod y Bwrdd Marchnata Llaeth yn sefydliad hen ffasiwn ac nad oedd yn cydymffurfio â gofynion cystadleuol yr oes, diddymwyd y Cynllun Marchnata Llaeth yn 1994 a chafodd y diwydiant ei ddadreoli. Am y tro cyntaf mewn trigain mlynedd rhoddwyd rhyddid i ffermwyr werthu llaeth i bwy bynnag y dymunent, ond ymhen hir a hwyr sylweddolwyd nad oedd hyn yn ateb delfrydol. Er y costau cynyddol, mae pris llaeth wedi gostwng i'r ffermwr ac ers y dadreoli mae'r diwydiant llaeth wedi dirywio, yn llawn ansicrwydd ynghylch y dyfodol.

Pennod 2

Y pum mlynedd ar hugain diwethaf

ADFYWIAD CAWS FFERM

Mae'r pum mlynedd ar hugain diwethaf wedi bod yn gyfnod cyffrous iawn, gyda diwydiant caws newydd yn datblygu yng Nghymru. Mae'r amrywiaeth eang o gaws yn adlewyrchu tirlun a threftadaeth canrifoedd lawer o amaethu. Mae'r tirlun hwn, o fynyddoedd Eryri, Pumlumon a Phreseli hyd at borfeydd gleision Môn, dyffrynnoedd Clwyd a Morgannwg, yn llawer iawn mwy na dim ond ardaloedd o brydferthwch eithriadol.

Bydd prynwyr yn chwilio am amrywiaeth blas ac ansawdd ac fe'u cânt mewn cynnyrch lleol a rhanbarthol. Mae caws fferm traddodiadol wedi ei wneud o laeth lleol yn ymgorffori'r ffordd Gymreig o amaethu. Rhoddir bri mawr ar gaws fferm Cymreig ac mae nifer o'r mathau newydd o gaws wedi derbyn canmoliaeth mewn cystadlaethau cenedlaethol a rhyngwladol.

Fodd bynnag, mae'r farchnad yn un anodd ac yn newid o hyd. Methodd ambell wneuthurwr caws gyda'i fenter a'r diwedd fu gorfod rhoi'r ffidil yn y to. Penderfynodd eraill roi'r gorau iddi oherwydd y problemau cynyddol sy'n deillio o reolau biwrocrataidd cynyddol.

Yn ystod y 1960au sefydlodd Pamela Grisedale fenter newydd gyda chynnyrch ei diadell o eifr yn Nebo, sir Aberteifi ond yn anffodus ni chafodd y busnes fawr o lwyddiant. Gwnaeth gaws caled bychan 8-10 pwys o'r enw Haminiog yn ogystal â chaws meddal. Y broblem fwyaf oedd gwerthu'r cynnyrch: yn lleol roedd y gwerthiant yn isel iawn ac ni wnaed elw digon cyson drwy werthu mewn sioeau amaethyddol. Bob pythefnos anfonid caws i Wrecsam, Cilgwri a Manceinion ond roedd y mannau hynny'n bell o Nebo. Yn fasnachol, ni lwyddodd y weledigaeth honno.

Yn 1982 gwelwyd enw'r fenter ar y rhestr canlynol o gawsiau fferm a gwneuthurwyr caws fferm:

Ty'n Grug – math o gaws *Cheddar* o laeth buwch a wneir gan Dougal Campbell
Llangloffan – math o gaws Caer o laeth buwch a wneir gan Leon a Joan Downey
Haminiog – caws tyddyn o laeth gafr crai a wneir gan Pamela Grisedale
Porthrhiw – caws gafr caled a meddal a wneir gan Mark a Gill Tennant
Marianglas – caws gafr meddal a wneir gan Jean Rickford

Yr unig un o'r cawsiau uchod sy'n parhau i gael ei wneud yw caws

Leon Downey y tu ôl i gownter ei siop fferm yn Llangloffan

Llangloffan ac ers 2006 mae Joan a Leon Downey wedi trosglwyddo'r awenau i rywun arall.

Yn 1984, ddwy flynedd yn ddiweddarach, pan osodwyd cwotâu llaeth ar ffermwyr, achubwyd ambell hen declyn gwneud caws a daeth llawer o'r ryseitiau caws traddodiadol i olau dydd unwaith eto. Fodd bynnag, cyn atgyfodiad cynnyrch fferm roedd caws Caerffili traddodiadol eisoes yn cael ei wneud yn yr hufenfa yn Four Crosses. Er mai hufenfa oedd yn Four Crosses, yr oedd yn llai na rhai o'r ffermydd a gynhyrchai gaws *Cheddar* a chaws Caer yn Lloegr. Dulliau traddodiadol a ddefnyddid wrth wneud caws Caerffili yn Four Crosses ond fe'i cynhyrchid ar raddfa fawr i gyd-fynd â gofynion a safonau'r archfarchnadoedd – cael ei becynnu'n gosynnau 4kg ar gyfer y cownteri caws, neu'n flociau 18-20kg er mwyn ei dorri a'i becynnu'n barod yn ôl gofynion yr archfarchnadoedd. Tueddai'r caws hwn i fod yn fwy asidig a briwsionllyd na'r caws fferm traddodiadol. Roedd gwneuthurwyr caws fferm hefyd yn gwneud caws Caerffili ar raddfa fawr: defnyddid llaeth pasteureiddiedig er mwyn ei wneud yn y modd traddodiadol ac fe'i gwerthid er mwyn ei fwyta ymhen ychydig wythnosau.

Erbyn 1986 roedd y canlynol yn cael eu cynnwys yn y rhestr o wneuthurwyr caws Cymreig yng nghyfeirlyfr y Bwrdd Marchnata Llaeth:

caws Cenarth, caws Glynhynod a *Peter Sayers Farmhouse Caerphilly*, yn ogystal â *Duckett's Somerset Caerphilly.* Roedd ffermydd Cymreig eraill yn gwneud caws Caerffili ar y pryd hefyd megis Maesllyn, Nantybwla a Phantyllyn.

Yn ystod yr adfywiad hwn crewyd llawer o enwau a mathau newydd o gaws. Byr fu oes cawsiau Ty'n Grug, Pantyllyn, Felin Gernos, Waungron, Maesllyn, Caws *Cheddar* y Felin, *St Florence,* Sir Benfro, Penbryn, *St. David's, Caldey Abbey Cheddar, Nevern Cheddar* a *Heritage Cheddar.* Caws a'r grofen wedi'i golchi *(washed-rind)* oedd caws *St. David's,* y math o gaws a gyhuddir o fod ag arogl sanau drwg arno! Pan ddewisodd un archfarchnad werthu'r caws hwn gofynnwyd i'r gwneuthurwyr ei becynnu mewn modd a fyddai'n cadw'r arogl naturiol ond amharodd hyn ar y broses aeddfedu a difetha'r caws.

Er mai cawsiau i'w gwerthu'n lleol a dim ond ychydig o bobl yn gwybod amdanynt oedd llawer o'r cawsiau meddal, roedd ambell eithriad megis Rhosygilwen, Pencarreg a *Celtic Brie* a *Celtic Blue* yn ddiweddarach, ond dim ond enwau hanesyddol ydynt bellach. Datblygwyd cawsiau Pencarreg a Thy'n Grug gan Dougal Campbell a laddwyd mewn damwain fferm drychinebus ar ddydd gŵyl y banc ym mis Awst 1995. Serch hynny, mae ei frwdfrydedd, ei weledigaeth a'i wybodaeth wedi ei throsglwyddo i wneuthurwyr caws fferm eraill yn Lloegr a Chymru. Prynodd *Rachel's Dairy* ei gwmni ond ni wnaed caws Pencarreg ar ôl marwolaeth Dougal Campbell.

Cawsiau eraill a ddaeth i ben ar ôl hynny oedd caws gafr caled Pen y Bont, a chawsiau llaeth dafad megis *Little Acorn Products* Karen a Don Ross; caws *Pecorino* Cwmtawe a chawsiau Eidalaidd traddodiadol eraill Giovanni Irranca o rannau uchaf dyffryn Tawe; cynnyrch Maesmor, a *Yan Tan Tethera,* math o gaws o'r Pyreneau.

Fe all y rhestr hon gamarwain y darllenydd i gredu bod oes caws fferm yn tynnu tua'i derfyn. Er bod rhai cawswyr yn penderfynu rhoi'r gorau iddi, y mae rhai eraill yn dechrau o'r newydd o hyd. Dechreuwyd dwy fenter newydd yn 2006 er enghraifft: bydd y *Cwmni Caws Caerfyrddin* yn parhau i wneud caws Llangloffan a mathau eraill o gaws, tra bydd Sam a Rachel Holden ym Mwlchwernen, Llangybi yn gwneud y caws Hafod newydd. Bydd hwn yn debyg i gaws Ty'n Grug ac yn cynnal y traddodiad a sefydlwyd gan Dougal Campbell.

Mae'r rhan fwyaf o'r cawsiau newydd yn cael eu gwneud o laeth buwch ond mae'r cawsiau a wneir o laeth gafr, llaeth dafad a llaeth ych yr afon hyd yn oed ar gynnydd. Ar hyn o bryd, y tu allan i Gymru y gwneir caws o laeth ych yr afon ond fe allai hynny newid yn y dyfodol.

Ceir problemau parhaol a datblygiadau di-baid wrth gynhyrchu ar

Hufenfa Four Crosses
Chwith uchaf: cilfach dadlwytho llaeth gyda thancer llaeth yn cael ei wagio
De uchaf: lapio blocyn 18kg o gaws i'w aeddfedu ar ôl ei dynnu o'r wasg
Chwith isaf: meithriniad microbig yn cael ei ychwanegu at laeth
a'i gymysgu'n dda mewn celwrn gyda throwyr mecanyddol
De isaf: cilffordd y rheilffordd a ddefnyddid i gludo'r llaeth, gydag adeiladau'r hufenfa
gerllaw

raddfa fechan. Gwelir mwy o gawsiau Cymru yn yr archfarchnadoedd heddiw nag erioed o'r blaen ond maent yn gorfod brwydro am le ar y silffoedd ac am y prisiau gorau. Er bod amryw un yn proffwydo tynged siopau bychain y stryd erbyn 2015 yn wyneb tra-arglwyddiaeth yr archfarchnadoedd mawrion, bydd cwsmeriaid yn dal i ddewis cawsiau lleol gwahanol a diddorol. Yn y cyd-destun hwn ni ellir gorbwysleisio pwysigrwydd siopau bychain arbenigol, a siopau a marchnadoedd ffermydd yn enwedig.

21

Criw o fyfyrwyr llaethyddiaeth yn Athrofa Amaethyddiaeth Pen-coed yn 1927.
Mam yr awdur yw'r ail o'r chwith yn y rhes flaen.

Coleg Amaethyddol Llysfasi ger Rhuthun

22

Pennod 3

Addysg a hyfforddiant

Er mai Coleg Prifysgol Cymru Aberystwyth (fel y câi ei adnabod tan y ddiweddar) yw coleg cyfansoddol hynaf Prifysgol Cymru, ac iddo ddod yn ganolfan sy'n rhagori mewn llaethyddiaeth, yng Ngholeg Prifysgol Gogledd Cymru, Bangor y cynhaliwyd y cyrsiau amaethyddiaeth a llaethyddiaeth cyntaf.

Sefydlwyd tair o ysgolion llaethyddiaeth gan Goleg Prifysgol Gogledd Cymru: yn Sylfaen ger y Trallwng yn 1889; ym Mhlas Lleweni ger Dinbych yn 1889, ac ym Mangor yn 1890. Cynigiwyd dosbarthiadau gwneud caws yn Sylfaen a Lleweni. Cynhaliwyd arholiadau gan CPGC Bangor a chyflwynwyd tystysgrifau a gwobrau i'r myfyrwyr llwyddiannus. Roedd y 'tystysgrif cyffredin' yn cael ei roi am astudio cynhyrchu a nodweddion llaeth yn ogystal â gwyddoniaeth elfennol a gwaith ymarferol gwneud caws. Roedd y cwrs ar gyfer ennill 'tystysgrif uwch' yn astudio'r pwnc yn fanylach.

Caed ysgolion teithiol hefyd a oedd yn cynnwys holl offer angenrheidiol y llaethdy. Byddai arddangosfeydd a dosbarthiadau yn cael eu cynnal mewn neuaddau pentref a festrïoedd capeli a'r hyfforddwragedd (merched oedd yn hyfforddi bob amser) yn cludo'r offer o'r naill le i'r llall.

Yn 1891, sefydlwyd y cwrs llaethyddiaeth cyntaf gydag hyfforddiant ymarferol ynghylch sut i wneud caws yn Adran Amaethyddiaeth Coleg Prifysgol Cymru, Aberystwyth. Roedd y coleg yn cynnig cyfarwyddyd lleol gan hyfforddwragedd yr ysgolion teithiol hefyd. Cytunodd y colegau y byddai Bangor yn cynnal dosbarthiadau'r gogledd a rhannau o sir Drefaldwyn, ac Aberystwyth yn trefnu dosbarthiadau gweddill Cymru.

Roedd hwn yn gyfnod o ddeffroad ym myd addysg wledig a daeth y gwersi llaethyddiaeth yn boblogaidd iawn. Diogelodd barhad y grefft o wneud menyn a chaws yn ogystal â sicrhau bod y gwneuthurwyr yn deall hanfodion glanweithdra, a chemeg a bacterioleg elfennol. Roedd fy mam yn un o'r llu ieuenctid a fynychodd ddosbarthiadau ym Mhencoed yn ystod y 1920au. Er na wnaeth hi gaws ar raddfa fasnachol erioed, ei gwybodaeth a'i sgiliau a daniodd fy niddordeb innau mewn caws.

Mae'r tabl canlynol yn dangos faint o fyfyrwyr a dderbyniodd hyfforddiant yn sir Gaerfyrddin yn unig rhwng 1891 ac 1899:

Blwyddyn	Nifer y myfyrwyr yn y gwersi elfennol	Nifer y myfyrwyr yn y gwersi uwch
1891 – 1898	1,936	187
1898 – 1899	175	17
Cyfanswm	2,111	204

Mae addysg a hyfforddiant mewn llaethyddiaeth wedi newid llawer ers y dyddiau cynnar hynny. Yn 1964 cynigiai athrofeydd fferm Llysfasi a Glynllifon yng ngogledd Cymru a Gelli-aur a Brynbuga yn ne Cymru gyrsiau blwyddyn mewn hwsmonaeth a phynciau perthnasol eraill. Cynigiai Coleg Technegol Dinbych yn Wrecsam a Choleg Gwledig Pibwrlwyd yn sir Gaerfyrddin gyrsiau undydd ble gallai'r myfyrwyr ennill cymhwyster *City and Guild* mewn trin, prosesu a rheoli llaeth.

Cynhelid cyrsiau uwch a oedd yn arwain at Dystysgrif Cenedlaethol mewn Llaethyddiaeth ac at safon gradd yng Ngholeg Prifysgol Cymru, Aberystwyth hyd nes i'r adran gael ei chau yn 1967. Caewyd adrannau mewn colegau ac athrofeydd eraill yn fuan wedyn.

Ar ôl cau'r adran laethyddiaeth yn Aberystwyth, penderfynodd Coleg Amaethyddol Sir Fynwy ym Mrynbuga gynnig cwrs a fyddai'n arwain at Dystysgrif Cenedlaethol mewn Llaethyddiaeth. Ymhen hir a hwyr daeth y cymhwyster hwnnw i ben pan gynhaliwyd yr arholiadau olaf ym mis Awst 1973. Dechreuwyd rhyng-gwrs tair blynedd a fyddai'n arwain at dystysgrif cyffredin mewn technoleg bwyd ym Mrynbuga yn 1975 ond byrhoedlog iawn oedd ei oes yntau.

Bellach nid oes yr un cwrs tystysgrif na chwrs gradd sy'n astudio gwyddorau na thechnoleg llaethyddiaeth yn unman yn y Deyrnas Unedig. Mae'r prifysgolion sy'n parhau i gynnig cyrsiau gwyddorau bwyd yn cynnwys peth llaethyddiaeth. Er enghraifft, ym Mhrifysgol Reading – canolfan a arferai ragori mewn llaethyddiaeth – mae theorïau gwneud caws yn cael eu cynnwys yn y darlithoedd am 'broteinau bwyd a bywyd' gyda pheth 'gwaith ymarferol ar brosesu'.

Mae Canolfannau Bwyd wedi'u sefydlu yng Ngholeg Menai a Horeb ond ni ellir cymharu safon y cyrsiau deuddydd neu gyrsiau tridiau achlysurol mewn gwneud caws â'r addysg a gynigid ganrif yn ôl. Felly tybed o ble y daw'r genhedlaeth nesaf o wneuthurwyr caws?

RÔL Y FERCH

Ers amser maith ystyrid mai gwaith gwraig a merched y fferm oedd gwneud caws. Roedd y forwyn laeth yn bwysig hefyd: disgwylid iddi odro'r gwartheg yn ogystal â gwneud menyn a chaws. Ar y ffermydd mwy, merched o'r pentref a gyflogid yn forwynion llaeth fel arfer ond newidiodd hynny yn sgîl dyfodiad y Bwrdd Marchnata Llaeth yn y 1930au oherwydd byddai mwy o elw i'w gael drwy werthu llaeth yn hytrach na chaws.

Er y datblygiadau ym myd amaeth, ychydig iawn o newidiadau a welodd y grefft o wneud caws hyd at yr ugeinfed ganrif. Anelwyd addysg a hyfforddiant i gyfeiriad y forwyn laeth. Byddai'r hyfforddwragedd teithiol yn wragedd penderfynol a di-ildio ac ôl eu gwaith i'w weld ledled y wlad. Er mai dynion a gyflogid yn yr hufenfeydd – a rhaid cofio bod niferoedd y rheiny ar gynnydd hanner canrif a mwy yn ôl – merched oedd penaethiaid yr adrannau caws mewn tair o'r hufenfeydd. Bryd hynny hefyd roedd cyfraniad merched yn bwysig yng ngwaith y Weinyddiaeth Amaeth, Bwyd a Physgodfeydd a hwy oedd penaethiaid y Cynghorwyr Llaeth a Chynnyrch Llaeth ym mhum rhanbarth Gwasanaeth Datblygu a Chyngori ar Amaethyddiaeth *(ADAS)* yn Lloegr a Chymru.

Mae'r sefyllfa wedi newid yn ystod y degawdau diwethaf. Dynion yw'r prif wneuthurwyr caws bellach, yn enwedig yn yr hufenfeydd modern, ac mae mwy o ddynion yn gwneud caws fferm hefyd. Yn rhyfedd iawn mae'r hyn sydd wedi digwydd o fewn y diwydiant gwneud caws yn hollol groes i'r arferiad modern ble gwelir y ferch yn gwneud gwaith a arferai gael ei ystyried yn waith i ddyn, oherwydd erbyn hyn, dynion sy'n gwneud gwaith a arferai gael ei ystyried yn waith i ferch yn y dyddiau a fu.

Hufenfa Castellnewydd Emlyn, 1936

Crochendy Ewenni, crochendy hynaf Cymru sydd ar yr un safle o hyd a'r un teulu yn gweithio yno ers cyn 1800. Heddiw, Alun a Jayne Jenkins a'u merch Caitlin yw'r perchnogion.
Nid oes odyn sy'n ddigon mawr ar gyfer dysglau o'r maint hyn wedi bod yno ers y 1920au.
Uchod: Caitlin y ferch ac Alun y tad gyda dwy ddysgl fawr a chrochenwaith modern yn y cefndir.
Isod: dwy ddysgl bridd a ddefnyddid, ymhlith pethau eraill, i wneud caws i'w fwyta ar ffermydd yn ardal Morgannwg.

Gwneud caws

Mae gwneud caws ar raddfa fechan yn dal i gael ei ystyried yn grefft hyd heddiw, er bod y gwneuthurwr yn gwybod mwy am yr wyddoniaeth y tu ôl i'r weithred y dyddiau hyn. Y cynhwysion elfennol ar gyfer gwneud caws yw llaeth; meithriniad microbig (cychwynnydd) neu asid (megis sudd lemwn neu finegr) i suro'r llaeth; cwyrdeb neu ensym ceulo arall, a halen. Gellir ychwanegu cynhwysion eraill er mwyn gwneud caws gwahanol, boed yn lliw neu'n flas, ond nid ydynt yn angenrheidiol.

Pan fo llaeth yn cael ei suro gan ficrobau bydd yn troi'n gaul a maidd. Ar ôl gwahanu'r ceulion (y darnau soled) oddi wrth y maidd (yr hylif), yr hyn sydd weddill yw caws meddal na fydd yn para'n hir iawn.

Gellir cynhyrchu caul o dan effaith cwyrdeb hefyd. Mae amryw o storïau ynghylch sut y darganfuwyd cwyrdeb am y tro cyntaf. Yn ôl un chwedl roedd Arab yn cario llaeth mewn stumog dafad wedi ei sychu drwy'r anialwch pan sylwodd fod y llaeth wedi ceulo. Roedd y ceulion hyn yn gwneud caws gwell na chaws a wnaed o laeth wedi suro'n naturiol.

Godro'r gwartheg allan yn y caeau

Mewn rhai rhannau o Gymru, yn enwedig pan oedd llaeth yn brin, arferid cadw caul am ddiwrnod a'i gymysgu gyda chaul ffres y diwrnod canlynol. Felly roedd digon i lenwi'r cawsellt i'w wasgu'n gaws. Mae caws swydd Gaerhirfryn traddodiadol, a wneir drwy gymysgu caul o laeth a odrwyd ar ddyddiau gwahanol, yn gaws tostio da ond nid oes tystiolaeth fod caws Cymreig a wnaed drwy gymysgu caul wedi cael ei ddefnyddio yn yr un modd.

Bydd mân amrywiadau yn y broses o wneud caws ac yn y cynhwysion yn gymorth i greu caws gwahanol a mathau gwahanol. Ceir ryseitiau ar gyfer pob math o gaws a phob un yn cael eu harolygu'n ofalus wrth gynhyrchu ar raddfa fechan ac ar raddfa fwy. Fodd bynnag, y mae'n haws i wneuthurwr caws ar raddfa fechan newid rysáit pan fo amrywiadau lleol yn amlwg, megis ansawdd llaeth yn newid o dymor i dymor er enghraifft. Bryd hynny bydd gwir grefft y gwneuthurwr caws yn dod i'r amlwg.

Y CYFLENWAD LLAETH

Brown tywyll neu ddu oedd gwartheg brodorol Cymru gynt, sef hynafiaid brîd y gwartheg duon Cymreig a welir heddiw. Roedd gwahaniaeth rhwng gwartheg y de a'r gogledd: da eidion neu ddrafft oedd yn y gogledd ac yn 'amhroffidiol i'r ystên' yn ôl C. Hassall yn 1794. Roedd gwartheg y de yn debycach i'r bridiau llaeth nodweddiadol. Yn 1849 nododd C. S. Reed fod y brîd sir Benfro gloywddu yn 'llaetha'n ardderchog ac yn rhoi deg chwart neu lai y dydd o laeth brasterog'. Fodd bynnag, yn ei gyfrol *Gwartheg* a gyhoeddwyd yn 2000, mae Twm Elias yn dyfynnu William Youatt a ddywedodd yn 1834 fod gwartheg sir Benfro yn well am eu cig na'u llaeth. Mae'r sylw hwn yn ategu'r awgrym fod y mathau o anifeiliaid a gaed yng Nghymru a nodweddion yr anifeiliaid hynny yn amrywio'n fawr iawn.

Mae brîd gwartheg Morgannwg a oedd yn gynhyrchwyr llaeth rhagorol ar gyfer trefi diwydiannol de Cymru yn ôl y sôn – ac felly'n gwneud menyn a chaws da hefyd – wedi darfod amdano erbyn hyn ond honnir ei fod yn debyg i frîd Hen Swydd Gaerloyw. Gwelwyd adfywiad y brîd hwn ac mae'n cynhyrchu llaeth sy'n addas iawn i wneud caws.

Gwartheg Friesian yw mwyafrif y buchesi llaeth erbyn heddiw er bod rhai bridiau eraill yn cael eu defnyddio hefyd. Er enghraifft, dim ond llaeth y fuches brin Red Poll a ddefnyddir i wneud caws Llanboidy yn Fferm Cilowen.

Mae'n hysbys fod ambell frîd o ddefaid Cymreig megis defaid Llŷn a defaid Llanwenog yn anifeiliaid magu da sy'n llaetha'n helaeth. Gwyddom fod y rhain a bridiau eraill wedi cael eu godro er mwyn cael llaeth i wneud caws hyd at yr ugeinfed ganrif. Tuedda ffermwyr sy'n cadw defaid godro heddiw i ddibynnu ar fridiau o dramor megis y Friesland. Byddai'r holl anifeiliaid yn cael eu godro â llaw hanner canrif a mwy yn ôl ond peiriannau mewn parlyrau godro a ddefnyddir bellach.

Ceir tystiolaeth fod caws wedi cael ei wneud o laeth gafr mewn rhai ardaloedd yn sir Benfro ar ddechrau'r ugeinfed ganrif ond rhywbeth lleol iawn oedd hynny ac nid oedd mor bwysig â chaws dafad. Ond mae'r sefyllfa wedi newid dros y degawdau diwethaf ac mae caws gafr Cymreig yn beth cyfarwydd a phoblogaidd iawn erbyn hyn.

Mae cyfansoddiad llaeth dafad a llaeth gafr yn wahanol iawn i gyfansoddiad llaeth buwch ac fel arfer gall unigolion sy'n methu yfed llaeth buwch neu fwyta cynnyrch llaeth buwch yfed llaeth dafad a llaeth gafr a bwyta caws wedi ei wneud o laeth yr anifeiliaid hynny.

Un gwahaniaeth amlwg rhwng caws dafad a chaws gafr o'u cymharu â chaws o laeth buwch yw'r lliw. Mae da godro sy'n pori glaswellt ir llawn meillion yn cynhyrchu llaeth hufenog, melyn oherwydd dwy elfen liw yn y llaeth: ribofflafin yw un ac fe'i gwelir yn y meiddlyn; dyna pam mae gwawr werdd i faidd. Caroten yw'r elfen arall, sef pigment carotenaidd ym mraster y llaeth. Nid yw defaid na geifr yn trosglwyddo'r

Buwch sir Forgannwg

29

Mowldiau caws a chaeadau sy'n nodweddiadol o'r rhai a ddefnyddid i wneud caws Caerffili

pigmentau carotenaidd hyn i'w llaeth ac felly mae'r llaeth a'r cynnyrch a wneir o'r llaeth hwnnw yn llawer iawn gwynnach na llaeth buwch a chynnyrch llaeth buwch.

MEITHRINIAD MICROBIG

Y bacteria a ddatblygai'n naturiol wrth i laeth suro a ddefnyddiai'r gwneuthurwr caws i wneud caws ganrifoedd yn ôl. Roedd hwn yn ddull peryglus iawn. Ni ellid rheoli'r broses ac fe allai'r cynnyrch terfynol gynnwys llawer o bathogenau. Ym mlynyddoedd olaf y 1890au defnyddiwyd meithriniad o facteria lactig yn hytrach na llaeth wedi suro neu faidd y diwrnod blaenorol fel cychwynyddion caws.

Erbyn heddiw mae cynhyrchu cychwynyddion wedi datblygu'n ddiwydiant soffistigedig ynddo'i hun. Gall cwmnïau masnachol gyflenwi hil unigol neu luosog o organeddau i ateb gofynion penodol y gwneuthurwr caws. Mae'r math o organeddau yn dibynnu ar ba fath o gaws sy'n cael ei wneud, yn ogystal â thraddodiad lleol i ryw raddau hefyd. Ymhlith yr organeddau mwyaf cyffredin a ddewisir i wneud cawsiau megis caws Caerffili a chaws Caer y mae bacteria megis *Lactococcus lactis* isrywogaeth *lactis* a *Lactococcus lactis* isrywogaeth *cremoris*. Mae'r meithriniad microbig yn troi'r siwgr sydd yn y llaeth yn asid llaeth. Y cam cyntaf hwn sy'n sicrhau y bydd y caws yn datblygu dan yr amodau priodol.

Yn aml iawn byddai caws a gâi ei gadw mewn selerydd neu fannau llaith yn datblygu llwydni mewnol naturiol. Roedd un fferm ym

Morgannwg yn enwog am ei chaws Caerffili glas. Roedd y fferm ar ael bryn a'r storfa gaws yn un danddaearol gyda'r amodau'n ddelfrydol i gadw caws glas. Bydd yr un gofal yn cael ei roi wrth ddewis mathau o lwydni sydd i'w cael yn naturiol ag sy'n digwydd wrth ddewis bacteria ar gyfer meithriniad microbig, ac mae cynhyrchu llwydni ar gyfer gwneud caws wedi datblygu'n rhan o'r diwydiant sy'n cyflenwi anghenion penodol y gwneuthurwyr caws. Hilion o *Penicillium roquefortii* a ddefnyddir ar gyfer llwydni mewnol caws glas, a *Penicillium candidum* ar gyfer y tyfiant gwyn a welir ar y tu allan.

CEULYDDION

Yn ogystal â'r cychwynyddion a ddefnyddir i suro llaeth, mae angen rhyw fath o geulyddion wrth wneud caws. Yn llen fewnol wal y stumog ceir ensymau sy'n ceulo llaeth; amser maith yn ôl wrth ddefnyddio stumogau anifeiliaid i gadw hylifon, darganfuwyd fod llaeth yn ceulo wrth ei gadw mewn stumog a'r caws a wnaed o'r llaeth hwnnw'n para'n hirach.

Gallai'r stumogau hyn fod yn stumogau unrhyw fath o anifeiliaid dof; mae rhai gwledydd yn parhau i ddefnyddio cwyrdeb o stumogau ŵyn neu fyn geifr ond cwyrdeb lloi oedd ac yw'r ceulydd pwysicaf wrth wneud caws. Mae cwmni Danaidd o'r enw *Chr. Hansen A/S* wedi bod yn cynhyrchu a masnachu cwyrdeb ers 1840 a'u cynnyrch hwy a ddefnyddir hyd heddiw wrth fesur safon ceulyddion eraill. Pan oedd hi'n anodd cael gafael ar gwyrdeb masnachol nid peth anghyffredin fyddai gweld gwneuthurwr caws fferm yn golchi a thorri'n stribedi bedwaredd stumog llo a fu'n sugno (*abomasum* neu *vell*) cyn eu rhoi mewn toddiant halen er mwyn tynnu'r ensym ceulo ohonynt. Ambell waith byddai'r stribedi'n cael eu rhoi'n syth yn y llaeth. Defnyddid stumogau ŵyn ifanc i wneud hyn hefyd.

'Cwyrdeb' yw'r enw ar drwyth crai llen fewnol y stumog a gelwid yr ensym a dynnid ohono'n *rennin*. Fodd bynnag, er mwyn osgoi unrhyw ddryswch rhwng hwn a'r ensym *renin* y gellir ei dynnu o'r arennau, newidiwyd yr enw i *chymosin*. Ceir ansawdd a blas angenrheidiol rhai mathau o gaws tramor drwy ddefnyddio ensymau a dynnir o stumogau ŵyn a myn geifr yn geulyddion wrth wneud y caws.

Oherwydd prinder cwyrdeb anifeiliaid yn ystod ac ar ôl yr Ail Ryfel Byd yn rhannol, ceisiwyd darganfod cwyrdeb o ffynonellau eraill. Gall trwyth neu sudd ambell blanhigyn geulo llaeth ond yn amlach na pheidio bydd y caws gorffenedig yn ansafonol. Yn ystod y bedwaredd ganrif ar bymtheg gelwid llysiau'r cywair (*Galium verum*) yn 'flaswr caws' ac fe'i defnyddid yn swydd Gaer i geulo llaeth. Mae'r ceulyddion hyn yn adweithio'n wahanol i gwyrdeb anifeiliaid a dim ond pan nad oedd cwyrdeb ar gael y byddent yn cael eu defnyddio. Serch hynny, defnyddir marchysgallen y gerddi (*Cynaria cardunculus*) hyd heddiw ym Mhortiwgal i wneud un math o gaws dafad.

Yn ystod ail hanner yr ugeinfed ganrif dechreuwyd defnyddio amrywiaeth o geulyddion microbig a phob un yn addas ar gyfer llysfwytawyr. Bellach ni ddefnyddir fawr ddim cwyrdeb anifeiliaid yn y DU er mai hwnnw yw hoff geulydd cawswyr gwledydd eraill Ewrop. Mae'r ensymau ceulo microbig yn deillio o amrywiol organeddau gan gynnwys llwydni megis *Mucor meihei*, bacteria megis *Bacillus subtilis* neu furum megis *Klyveromyces lactis*.

Y ceulyddion hyn sy'n ffurfio'r ceuled neu'r *gel* yng ngham cyntaf y broses o wneud caws. Gall gwneuthurwyr caws ddewis y ceulydd gorau o amrywiaeth eang o geulyddion ar gyfer un math arbennig o gaws ac ar gyfer un farchnad benodol.

HALEN

Mae halen wedi tyfu'n gynhwysyn amhoblogaidd i gynhyrchwyr bwyd heddiw ond mae'n elfen hanfodol ar gyfer gwneud caws. Pan fo'r maidd yn cael ei ddyfeiddo (ei dynnu oddi wrth y ceulion) bydd y ceulion yn glynu'n ei gilydd i ffurfio'r caws. Y dulliau gwahanol o drin y ceulion hyn sy'n gyfrifol am y dewis helaeth o wahanol fathau o gaws sydd ar gael heddiw.

Ar gyfer gwneud caws megis *Edam*, er enghraifft, caiff y caul ei fowldio i ffurf derfynol y cosyn yn syth ar ôl i'r maidd gael ei ddyfeiddo a dyna paham y mae iddo ansawdd tebyg i rwber; wedyn bydd y caws yn cael ei drochi mewn dŵr a halen er mwyn ei halltu yn ôl yr angen.

I'r gwrthwyneb, wrth wneud cawsiau Cymreig a Phrydeinig mae gan y ceulion 'wead'. Ar ôl i'r ceulion lynu'n ei gilydd cânt eu torri a'u troi yn ôl gofynion y caws sy'n cael ei wneud nes bod y gwead yn iawn a'r caul yn barod i gael ei halltu a'i fowldio i ffurf derfynol y cosyn. Os mai halen sych a ddefnyddir, bydd yn cael ei ychwanegu yn ystod y cam hwn. Mae halen yn rhwystro tyfiant organebau llaeth ac yn arafu datblygiad asid; dyna sut y mae'n gymorth i reoli'r broses o wneud caws yn ogystal â phennu pa fath o flas a fydd i'r caws gorffenedig.

Mae modd ychwanegu halen drwy drochi'r cosyn cyfan mewn dŵr a halen hefyd (fel yn achos y caws *Edam* y sonnir amdano uchod). Gellir halltu caws Caerffili drwy ei drochi mewn dŵr a halen neu drwy ychwanegu halen sych ar y ceulion wrth iddynt gael eu mowldio. Penderfyniad y gwneuthurwr caws yw defnyddio'r naill ddull neu'r llall.

*Gwasg gist ar gyfer caws yn y ganolfan
dreftadaeth, Parc Scolton, Hwlffordd*

*Gwasg gist ar gyfer caws yn Amgueddfa
Ceredigion*

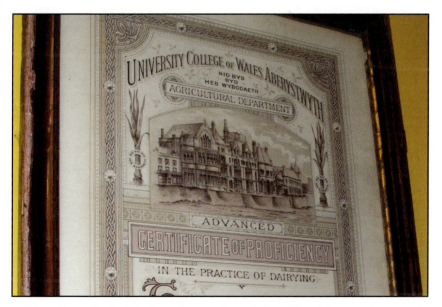

Tystysgrif cwrs llaethyddiaeth a gyflwynwyd gan Goleg Prifysgol Cymru, Aberystwyth

Gwasg gaws o Ffowndri'r Priordy, Caerfyrddin, bellach yn Amgueddfa Werin Cymru, Sain Ffagan

Hen laethdy

Celwrn crwn wedi'i fewnforio o'r Iseldiroedd ym Mhenbryn, Ceredigion.
Defnyddir y math hwn o gelwrn gan amryw o wneuthurwyr caws fferm bychain ar
ddechrau'r unfed ganrif ar hugain.
Uchod: cynhesu'r llaeth
Isod: torri'r caul

Llenwi'r mowldiau. Nid yw'r caul yn cael ei drin nes cael gwead iddo ar gyfer gwneud caws Gouda, fel yn y broses o wneud caws Caerffili neu gaws Caer.

Mowldiau caws yn y wasg. Sylwer ar y mowldiau plastig cyfoes.

Y mowldiau caws yn gadael y wasg, y cosynnau'n cael eu tynnu allan a'u troi beniwaered...

...yn ôl yn y mowld ar gyfer eu gwasgu eto am gyfnod byr.

Twtio'r cosyn ar ôl ei dynnu o'r wasg...

...cyn ei roi mewn dŵr a halen.

Storfa gaws

Bridiau Cymreig
traddodiadol:

Uchod:
buwch Morgannwg.
Isod:
buwch sir Benfro.

Parlwr godro modern yng Nghefnamwlch, Llŷn – parlwr sy'n troi wrth odro

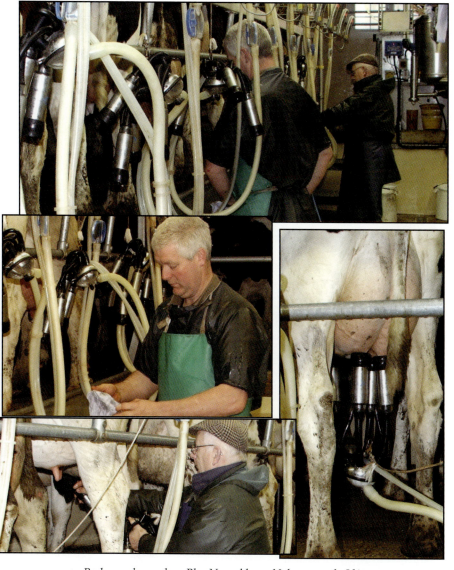

Parlwr godro modern Plas Newydd yng Ngharnguwch, Llŷn.
Uchaf: godrwyr yn y pydew yn paratoi'r gwartheg ar gyfer eu godro, yn glanhau'r pyrsau a'r tethi. Canol chwith: cerdded i lawr y llinell wartheg yn sychu'r pyrsau cyn gosod y cwpanau ar y tethi. Isaf chwith: gosod y cwpanau tethi. Isaf dde: y fuwch yn cael ei godro. Mae'r llaeth yn cael ei sugno o'r tethi drwy gyfrwng faciwm ac yna'n cael ei drosglwyddo ar hyd y peipiau i'r tanc cadw.

Plas Newydd yng Ngharnguwch – golygfa gyfarwydd yng nghefn gwlad gyda gwartheg Friesian ym mlaen y llun a'r tancar yn galw i gasglu'r llaeth.

Buarth y tanceri, Hufenfa De Arfon, Rhydygwystl, Chwilog

Gweithiwr hufenfa

Gwneud caws coch mewn hufenfa. Mae'r caul a'r maidd yn cael ei ollwng o'r celwrn i lefel is. Bydd y maidd yn cael ei dynnu ymaith fel ei bod hi'n bosib cael gwead i'r caul mewn celwrn bas.

Torri'r caul ar ôl draenio'r maidd oddi wrtho yn Hufenfa Four Crosses yn y 1970au

Y cam nesaf wrth wneud caws Caerffili yn Four Crosses

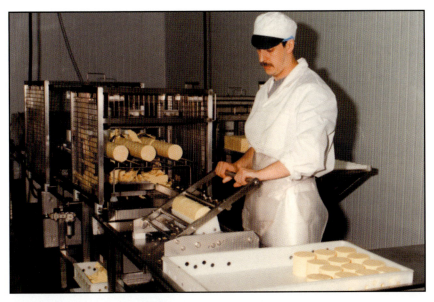

Siapio a thorri caws cyn ei gwyro

Halltu'r caul â llaw

Cwyro'r caws â llaw

Hen weisg gang yn Hufenfa Llandyrnog yn y 1950au

*Caws mewn mowldiau plastig yn cael eu troi beniwaered yn Hufenfa Four Crosses,
gyda'r gweisg gang yn y cefndir*

44

Ffatri Gaws Dyffryn Aeron

Hufenfa Llandyrnog

*Hen stand laeth segur, gyda chaniau
llaeth traddodiadol*

*Caws ifanc ar rac ddur fodern mewn
storfa arbennig ar gyfer aeddfedu caws
gyda llwydni ar ei groen*

Y ffermdy yn Llangloffan – cartref gwreiddiol y caws enwog

Fferm Gorwydd gyda'r fynedfa wyngalchog i'r stafell gaws

Carwyn Adams, Caws Cenarth yn rhoi'r caead yn ôl ar y tanc dŵr a halen, gyda'r cosynnau ynddo

47

Paula van Werkhoven yn storfa
Caws Teifi

Caws Teifi: Celtic Promise
a Saval yn y storfa

Cystadleuaeth gaws yn y Sioe Fawr yn Llanelwedd

Argraffnod caws Caerffili a ddefnyddiai Mr Edward Lewis yn Neuadd y Farchnad, Caerffili

LLIW

Er ei bod yn well gan y mwyafrif o bobl liw naturiol caws, ychydig a ŵyr mai deiet y fuwch sy'n gyfrifol am liwiau amrywiol y cawsiau a wneir o laeth buwch. Mae lliw yn dylanwadu ar atyniad cwsmer at y caws ac mewn rhai achosion mae'n well gan y prynwr gaws wedi'i 'liwio'.

Bydd rhywfaint o'r lliw melyngoch *annatto* a ddaw o lwyn y *Bixa orellana* o Dde America yn cael ei ddefnyddio mewn cawsiau 'lliw'. Caiff tipyn go lew o *annatto* ei ychwanegu at laeth cawsiau tywyll megis caws *Red Leicester* ond defnyddir llai mewn cawsiau goleuach megis caws *Double Gloucester*. Nid yw'r lliw yn effeithio ar flas y caws o gwbl ond y prynwr sy'n pennu a yw'n cael ei ddefnyddio a faint sy'n cael ei ddefnyddio. Mae caws Caer a chaws Cheddar yn cael eu gwneud gyda a heb liw; mewn rhai mannau megis yr Alban mae'n well gan y prynwr gaws 'lliw'.

Defnyddir cyfryngau lliwio eraill hefyd, megis cloroffyl yn enwedig wrth roi saets mewn caws. Mae dail saets wedi eu malu'n fân yn troi'n frown a lliw digon annymunol fydd i'r caws pan fyddant yn cael eu defnyddio ar eu pennau eu hunain, felly fe ychwanegir lliw gwyrdd i wella'r edrychiad. Arferid rhoi saets mewn caws Caerffili yn aml ers talwm er mwyn cael amrywiaeth yn neiet y cartref. Byddai haen yn cael ei hychwanegu neu fe fyddai'n cael ei gymysgu drwy'r caul. Ceir rhai cawsiau gyda phatrymau dail saets arnynt hefyd. Arferid gwasgu'r lliw gwyrdd o ddail bresych neu sbigoglys wedi'u malu'n fân ond heddiw ceir deddfau lu sy'n rheoli'r holl gynhwysion a roddir mewn caws er mwyn sicrhau fod y cynnyrch yn ddiogel i'w fwyta, ac fel yn achos pob lliw arall a ychwanegir at fwyd, dim ond cloroffyl oddi ar restr o ychwanegyddion cyfreithlon a ddefnyddir bellach.

GWAREDU'R MAIDD

Wrth wneud caws bydd tua 80% o gyfaint cychwynnol y llaeth yn cael ei adael yn faidd. Mae cyfansoddiad maidd yn amrywio'n fawr, gan ddibynnu ar y llaeth gwreiddiol ac ar y math o gaws a wneir o'r llaeth hwnnw. Mae maidd yn fwyd pwysig ac ar un adeg maidd fyddai'r prif fwyd a roddid i foch: er bod llawer o ddŵr mewn maidd, gall gynnwys hyd at 1% o brotein a 4.5% o siwgr llaeth.

Roedd yn arferiad cyffredin i'r ffermwyr hynny a âi â llaeth i'r ffatrïoedd caws cynnar ddychwelyd gartref gyda llond can llaeth o faidd. Yn ystod y 1960au byddai maidd hufenfa Castellnewydd Emlyn yn cael ei anfon i fferm Clynblewog ger Trelech i fwydo cenfaint fawr o foch. Wrth i'r hufenfa ddatblygu, dechreuodd gynhyrchu llawer iawn gormod o faidd ar gyfer y moch. Mae'r diwydiant moch yn enwog am fod yn

'*System fodern sy'n dangos llaeth yn cael ei gynhesu ar gyfer gwneud caws* Cheddar'
– 'The Practice of Cheddar Cheese Making' *o daflen y* Royal Agricultural Society of England *gan George Gibbons, 1892*

ddiwydiant cylchol a phan ddiflannodd y llwyddiant masnachol, chwalwyd y genfaint.

Mae'r rhigwm Saesneg am Miss Muffet yn bwyta'i chaul yn darlunio cam hanfodol yn y broses o wneud caws. Mae proteinau caul yn sensitif iawn i wres a phan fo maidd yn cael ei gynhesu bydd yr albwmin sy'n gyfnewidiol ei wres a'r globwlin yn cael eu hansefydlogi a'u gwaddodi. Gan amlaf heddiw bydd y proteinau maidd hyn yn cael eu cysylltu â'r caws Eidalaidd *Ricotta*. Fodd bynnag, mewn sawl ardal yng nghefn gwlad Cymru byddai maidd neu laeth enwyn yn cael ei gymysgu â cheirch neu fara ceirch i'w fwyta wrth gynaeafu'r gwair neu fel pryd gyda'r nos. Mae'r ceulion o brotein maidd yn ysgafn iawn ac yn fwyd blasus a maethlon i ddyn yn ogystal ag i anifail.

Ceir rhywfaint o fraster mewn maidd ac fe ellir ei hidlo a'i droi'n fenyn sydd hefyd yn cael ei alw'n 'fenyn fferm'.

Yng Nghymru datblygwyd ffyrdd eraill o ddefnyddio'r peth wmbredd o faidd a gynhyrchir yn y ffatrïoedd caws modern er mwyn cael ei wared. Er enghraifft, gellir tynnu'r siwgr sydd yn y llaeth a'i droi'n syropau galactos/glwcos ar gyfer y farchnad felysion. Ceir gweithfeydd crynodi a thynnu protein mewn nifer o ffatrïoedd caws; byddant yn defnyddio'r dŵr a adferwyd ac yn gwneud y protein yn addas i'w ddefnyddio fel bwyd maethlon i ddyn ac i anifail.

Sefydlodd cwmni mawr o'r enw *Volac International Ltd* gyfleusterau cynhyrchu maidd yn Felin-fach, Dyffryn Aeron yn 1989. Maent yn defnyddio proteinau maidd i gynhyrchu dwysfwyd ar gyfer lloi, ŵyn a moch bach. Maent hefyd yn cynhyrchu crynodiad lactos. Dyma enghraifft o gydweithio effeithiol rhwng y dechnoleg fodern a hen ddiwydiant traddodiadol.

OFFER

Nid yw'r offer sydd eu hangen ar gyfer gwneud caws ar raddfa fechan wedi newid fawr ddim yn ystod y blynyddoedd. Yr offer angenrheidiol yw rhywbeth i ddal y llaeth; thermomedr i brofi'r tymheredd; cyllell i dorri'r ceuled; rhyw fodd i brofi'r asidedd; rhyw fodd i dorri'r caul yn ddarnau mân a'i halltu unwaith y bydd yr ansawdd yn dderbyniol, a'r mowldiau i'w wasgu.

Mae'r llestr i ddal y llaeth yn offeryn pwysig iawn. Gall fod cyn lleied â bwced neu mor fawr â chawsellt modern sy'n medru dal miloedd o litrau o laeth. Gellir defnyddio unrhyw fath o lestr cyhyd â'i fod yn lân a bod modd ei olchi. Arferai crochendy Ewenni ym Morgannwg wneud dysglau pridd enfawr i'w defnyddio ar y fferm ac un o ddibenion y dysglau hyn fyddai ar gyfer gwneud caws. Mae un enghraifft wedi goroesi sydd tua chant oed erbyn hyn ac mae hi'n debyg iawn i'r ddysgl bridd yr arferai fy mam ei defnyddio wrth wneud caws Caerffili. Mae'n bur debyg bod mathau tebyg o lestri yn cael eu gwneud a'u defnyddio mewn ardaloedd eraill yng Nghymru hefyd.

Petryal oedd siâp arferol y cawsellt tun neu ddur gwrthstaen ac fel arfer byddai ganddynt orchudd allanol i ddal dŵr poeth. Mae'n anodd cael gafael ar gawstellydd bychain erbyn heddiw ac yn ystod y blynyddoedd diwethaf mae rhai o'r gwneuthurwyr caws fferm yn defnyddio cawsellt crwn o'r Iseldiroedd.

Rhaid cael mowldiau neu gylchoedd i siapio'r caws wrth ei wasgu. Mae'r maint a'r siâp yn dibynnu ar draddodiad: er enghraifft, cosyn

Gwasg gaws bren o'r ail ganrif ar bymtheg a ddefnyddid yn Hendy-gwyn ar Daf

52

bychan crwn yw caws Caerffili yn draddodiadol tra bod caws Caer yn arfer bod yn gosyn mawr tua 60 i 80 pwys. Mae defnydd y mowldiau caws wedi newid yn ystod y blynyddoedd, o bren traddodiadol i dun, yna i ddur gwrthstaen ond bellach mowldiau plastig a ddefnyddir. Mae llawer o'r hen weisg caws a ddefnyddid ar ffermydd flynyddoedd yn ôl wedi dod i'r fei ac maent yn cael eu defnyddio heddiw gan wneuthurwyr caws.

Yn aml iawn bydd ffactorau economaidd yn dylanwadu ar ddatblygiadau modern. Bellach fe ddefnyddir 'siapwyr bloc' yn hytrach na mowldiau a gweisg traddodiadol yn yr hufenfeydd mawrion. Mae'r rhain yn defnyddio faciwm i wasgu'r caul ac fe ellir dewis siâp, maint a phwysau'r caws, sy'n addas iawn er mwyn ateb gofynion y diwydiant bwyd wedi ei bacedu'n barod a'r archfarchnadoedd.

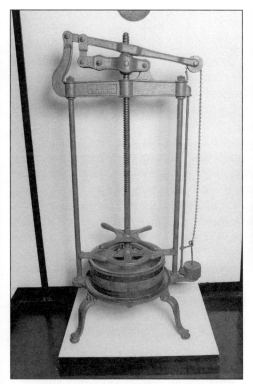

Gwasg gaws gyda maen mawr o'r ddeunawfed ganrif o Dyddyn Siôn Wyn, Talsarnau

Gwasg haearn bwrw gyda lifer o Langadog. Defnyddir y gweisg hyn hyd heddiw.

Diogelu'r cynnyrch

LLAETH CRAI

Mae diogelwch llaeth a phasteureiddio wedi bod yn bwnc trafod ers degawdau erbyn hyn. Yn y gorffennol, pan gredid mai twbercwlosis gwartheg oedd y pathogen mwyaf peryglus mewn llaeth, arferid ei drin â gwres uchel er mwyn gwneud yn siŵr fod y bacteria *Mycobacterium tuberculosis* yn cael ei ladd. Y *Mycobacterium tuberculosis* hwn a ddefnyddid fel organedd 'mynegai' ar gyfer pasteureiddio: roedd y gwres uchel a ddinistriai bathogen y twbercwlosis gwartheg yn dinistrio holl bathogenau eraill y llaeth hefyd. Yn ddiweddar ymddangosodd pathogenau eraill ac fe ddefnyddir dulliau cynhesu mwy dwys er mwyn diogelu'r cwsmer.

Erbyn y 1950au cyhoeddwyd nad oedd twbercwlosis gwartheg yn sir Gaerfyrddin na sir Aberteifi o gwbl yn dilyn profion rheolaidd a chynlluniau difa trylwyr fel nad oedd yr un fuwch wedi'i heintio. Digwyddodd hyn yn gynt yn y ddwy sir hon nag yn unman arall yng Nghymru na Lloegr. Roedd sir Benfro'n lân erbyn 1954 a siroedd Brycheiniog, Maesyfed, Trefaldwyn a Meirionnydd erbyn y flwyddyn ganlynol. Felly fe ystyrid bod y mwyafrif o wartheg Cymru yn glir o'r haint erbyn canol y 1950au.

Mae'r sefyllfa'n bur wahanol yn 2006 fodd bynnag. De Cymru yw un o'r mannau ble gwelir yr haint ar ei waethaf yng Nghymru a Lloegr ac mae cynnydd cyson yn yr achosion o dwbercwlosis gwartheg ledled Cymru. Ceir cweryla taer ynghylch sut y datblygodd yr haint ymysg gwartheg a'r angen i ddidoli a lladd bywyd gwyllt er mwyn ei reoli. Afraid dweud bod twbercwlosis gwartheg yn afiechyd difrifol iawn sy'n peri cryn ofid, yn enwedig pan fo anifeiliaid gwerthfawr yn gorfod cael eu difa.

Nid dim ond twbercwlosis gwartheg sy'n achosi pryder mewn cysylltiad â chynnyrch llaeth crai serch hynny. Ym mis Chwefror 1989 cyhoeddodd y Gweinidog Amaeth ar y pryd ei fwriad i wahardd gwerthiant caws wedi ei wneud o laeth crai oherwydd pryderon ynghylch yr haint *Listeria*, a chredid bod pasteureiddio llaeth yn sicrhau y byddai'r cynnyrch yn 'ddiogel'. Cyn y 1980au gwyddai'r arbenigwyr fod *Listeria monocytogenes* yn peri afiechyd mewn anifeiliaid ond yn ystod y cyfnod hwn o '*Listeria hysteria*' fel y câi ei alw, tyfodd ofn ymysg y cyhoedd fod rhai bwydydd, gan gynnwys caws o laeth crai, yn gallu heintio pobl hefyd.

Canlyniad y gwaharddiad arfaethedig hwn oedd sefydlu Cymdeithas y Gwneuthurwyr Caws Arbenigol. Prif nod y gymdeithas oedd, ac yw hyd heddiw, i warchod a datblygu'r cyfoeth o gawsiau fferm bendigedig sydd ar gael gan sicrhau ar yr un pryd fod y cynnyrch yn ddiogel i'w fwyta. Yn ystod y pymtheg mlynedd diwethaf lluniodd amrywiol awdurdodau *Code of Best Practice*, rheoli gôd ymarfer ar gyfer gwneuthurwyr caws ar raddfa fechan sydd hefyd yn cynnwys ffordd o sicrhau bod y canllawiau'n cael eu dilyn. Mae'r côd yn adnodd gwerthfawr ar gyfer y gwneuthurwr caws ar raddfa fechan: mae'n sicrhau bod safonau iechyd ac ansawdd yn cael eu cynnal, ac yn rhoi'r tawelwch meddwl angenrheidiol i'r cwsmer hefyd.

Er bod pasteureiddio llaeth yn lladd y pathogenau mwyaf cyffredin, gall rhai heintiau eraill ymledu yn ystod y broses o wneud caws. Dyna paham y mae angen safonau glanweithdra trylwyr gydol yr amser. O'r herwydd ni ellir cyfiawnhau gofyn i neu orfodi gwneuthurwyr caws fferm i basteureiddio llaeth gwartheg holliach. Serch hynny, os oes achosion o dwbercwlosis gwartheg yn yr ardal, mae llawer o wneuthurwyr wedi gweithredu'n ddoeth a phasteureiddio'r llaeth a ddefnyddir i wneud caws. Mae hyn yn sicrhau bod y cynnyrch yn ddiogel rhag pathogen y twbercwlosis gwartheg ac na chaiff y caws ei wahardd gan yr awdurdodau rheoli.

DEDDFAU DIOGELWCH BWYD

Pasiwyd y deddfau cyntaf yn ymwneud â difwyno bwyd yn 1860. Gellid glastwreiddio llaeth yn hawdd – drwy ychwanegu dŵr ato er enghraifft. Gorchymyn Llaeth a Hufenfeydd 1926 oedd y wir ddeddf gyntaf a gyflwynwyd i geisio diogelu'r cyhoedd rhag twyll ac i sefydlu safonau glanweithdra.

Ers y dyddiau cynnar hynny mae'r nifer o ddeddfau sydd wedi'u creu i geisio diogelu iechyd y cwsmer ac i atal twyll, yn ogystal â llu o agweddau eraill megis pecynnu a labelu, yn ddiwydiant ynddo'i hun bron erbyn hyn.

Ers i'r DU ddod yn aelod o'r Gymuned Ewropeaidd yn 1973 fe osodwyd deddfau yma hefyd, rhai a gytunwyd ac a fabwysiadwyd gan yr aelodau eraill. Cynyddodd y deddfau hyn pan gwblhawyd y rhaglen farchnata fewnol yn 1992 ac fe ymgorfforwyd llawer mwy o gyfarwyddiadau a rheolau i ddeddfwriaeth y DU.

Diweddarwyd y deddfau cynnar a oedd yn weithredol ar y pryd gan Ddeddf Diogelwch Bwyd 1990 gan fynnu rheoli mwy caeth. O ganlyniad i ddatganoli, Llywodraeth Cynulliad Cymru sy'n gyfrifol am reoli glanweithdra a safonau bwyd ers 1999.

Mae'r deddfau diweddaraf, Rheoliadau Hylenid Bwyd (Cymru) 2006, yn cyfuno dau ar bymtheg o fesurau'r Undeb Ewropeaidd ym maes diogelu bwyd gan greu dim ond dau fesur. Maent yn debyg iawn i'r deddfau blaenorol gydag ychydig o ofynion ychwanegol, megis dulliau gweithredu'r Dadansoddiad o Berygl yn y Mannau Rheoli Pwysicaf.

Mae prif nod y lli cynyddol o ddeddfau yn parhau yr un fath serch hynny, sef diogelu bwyd a gofalu am iechyd pobl. Nid yw hyn wedi newid dim ers canrif a mwy.

Cawselltydd a throwyr mecanyddol uwchben mewn hufenfa yn yn ugeinfed ganrif

Pennod 6

Gwneud caws mewn hufenfa

AGWEDDAU HANESYDDOL

Dechreuodd amryw o'r hufenfeydd Cymreig fel mentrau ar y cyd rhwng ffermwyr, a dim ond ychydig ohonynt a gafodd lwyddiant yn y dyddiau cynnar. Mae hanes yr hufenfeydd Cymreig – neu'r ffatrïoedd fel y caent eu hadnabod ar y dechrau – yn ddifyr iawn a dim ond crynodeb fer a geir yma.

Dechreuwyd gwneud caws ar raddfa ffatri yn America oddeutu 1851 ac oherwydd gwell cludiant awyr dechreuwyd allforio peth wmbredd o gaws i Brydain. Sefydlwyd y ffatri gaws gyntaf yn Lloegr yn Longford, swydd Derby yn 1870. Ymhen ychydig flynyddoedd roedd nifer o ffatrïoedd yn gwneud caws, gan gynnwys ambell un ar y ffin â gogledd-ddwyrain Cymru.

57

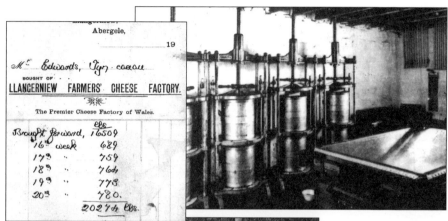

Ffatrïoedd caws Llangernyw a Llansannan
Chwith uchaf: enghraifft o anfoneb o ffatri Llangernyw. De uchaf: caws Caer mewn gwasg.
Canol chwith: gweithwyr ffatri gaws Llangernyw. Canol de: caws Caer yn y
storfa aeddfedu. Gwaelod: morynion llaeth yn Llansannan c.1921.

Roedd un o'r rhain, yr *Aldford Associated Cheese Factory,* ar ochr Seisnig y ffin ond yn derbyn llaeth o ffermydd yng Nghymru. Gweithredai'r ffatri o'r 1af o fis Ebrill hyd at yr 20fed o Dachwedd fwy neu lai ac erbyn 1894 yr oedd hi wedi hen ennill ei phlwy. Disgwylid i bob ffermwr a oedd yn aelod o'r gymdeithas weithio yn y ffatri os oedd Ysgrifennydd y Gymdeithas yn gofyn iddo wneud hynny. Byddai pob ffermwr yn llofnodi cytundeb i weithio yno a byddai'r sawl a fethai gydymffurfio yn cael ei ddirwyo.

Er bod y ffatrïoedd caws yn datblygu, roedd y swm o gaws a gynhyrchid ym Mhrydain yn gostwng ac erbyn 1911 dim ond 18% o'r caws a gâi ei fwyta ym Mhrydain oedd yn cael ei wneud gartref. Roedd degawdau cynnar yr ugeinfed ganrif yn rhai anodd a chau fu hanes nifer o'r ffatrïoedd caws a sefydlwyd yn ystod y blynyddoedd hynny.

Datblygodd y mwyafrif o'r ffatrïoedd caws cynnar hyn o waith gwneud caws cartref ar y fferm. Sefydlwyd un ffatri yn Hafodunos, Llangernyw yn 1916. Agorwyd un arall mewn adeilad a neilltuwyd yn arbennig ar gyfer y gwaith yn Fferm Cross Keys, Llansannan yn 1921. Byddai ffermwyr lleol yn mynd â llaeth i'r ffatrïoedd ac yn cario'r maidd gartref i'r moch.

Roedd Hufenfa Four Crosses yn yr hen sir Drefaldwyn tua milltir oddi wrth y ffin â Lloegr. Yn 1910 byddai'r Meistri Reece o Lerpwl yn derbyn llaeth o ffermydd lleol ar gyfer y ffatri yn Four Crosses. Rhwng 1911 ac 1913 gwnaed caws gydag ychydig o'r llaeth hwnnw a byddai meibion fferm lleol yn cynorthwyo. Agorwyd hufenfa newydd yn swyddogol yn 1913, sef cangen Four Crosses o'r *Cheshire Milk Producers Depots Ltd.,* ond daeth y cwmni i ben yn 1925.

Bu'r ffatri ar agor o 1925 hyd at 1944 gyda chymorth ffermwyr lleol ond yn 1944 fe'i gwerthwyd i R. W. Griffiths, Ffordun (a ddaeth yn enwog gyda'r bwytai *National Milk Bars*) ac fe'i gwerthwyd ganddo yntau i'r Bwrdd Marchnata Llaeth yn 1957. Am flynyddoedd lawer gwnaed blociau a chosynnau traddodiadol o gaws Caer a chaws Caerffili yn Four Crosses gan ddefnyddio dulliau cynhyrchu traddodiadol.

Datblygodd nifer o hufenfeydd bychain yn sir Gaerfyrddin ym mlynyddoedd olaf y bedwaredd ganrif ar bymtheg a blynyddoedd cynnar yr ugeinfed ganrif. Yn 1890 mae'n debyg mai Hufenfa Dyffryn Tywi yn Ffair-fach, Llandeilo oedd un o'r rhai cyntaf i wneud caws a menyn. Symudwyd yr hufenfa i safle arall yn Sanclêr ac yna, yn 1928, dechreuodd y *Mutual Dairy Company* wneud caws yn y ffatri ar Heol Pensarn. Erbyn y 1920au roedd *Johnstown* wedi sefydlu fel cwmni cydweithredol ar gyrion Caerfyrddin i wneud menyn a chasein. Yn ei dro bu'n eiddo i *Cow & Gate, Unigate* a *Dairy Crest.* Yn 1972 gosodwyd offer newydd yno er mwyn gwneud caws ac yn ei dydd gallai'r hufenfa hon hawlio mai hi oedd y fwyaf a'r mwyaf modern yn y DU gyfan. Gweisg tunnell oedd ym mhobman arall a *Johnstown* oedd yr unig hufenfa a allai adael tunnell o gaws i aeddfedu mewn blociau dur gwrthstaen.

Yn 1920 sefydlwyd cwmni cydweithredol o ffermwyr yn Aberarad yng Nghastellnewydd Emlyn a hynny mewn hen adeilad a fu unwaith yn wyrcws ac yna'n gartref i Ddaniaid a oedd yn torri coed ar gyfer rhyfel 1914-18. Yn ystod dirwasgiad 1926 aeth y cwmni i drafferthion ac yn 1932 prynwyd yr adeilad gan y *Dried Milk Products*, is-gwmni *Cow & Gate* a ddatblygodd y safle yn hufenfa gaws fodern. Caws Caerffili oedd y math cyntaf o gaws i gael ei wneud yno yn 1933, ac yna *Cheddar* yn 1937. Ers hynny bu'r lle yn nwylo llu o berchnogion. Yn 1971 comisiynodd *Unigate* ystafell gaws newydd gyda'r offer mecanyddol diweddaraf. Caewyd yr hufenfa gan *Dairy Crest* ac yna'i hailagor i wneud caws *Mozzarella*. *Dansco* yw'r perchennog heddiw.

Yn 1976 agorodd *Dairy Crest* hufenfa newydd fodern i wneud caws a chynnyrch eraill ym Maelor ar gyrion Wrecsam. Caewyd fel hufenfa gaws yn 1993 a chafodd ei datblygu i fod yn uned fodern i bacio caws. Roedd hufenfeydd mawr a bach yn yr amlwg bryd hynny ac yn gwneud peth wmbredd o gawsiau safonol iawn. Mae'r enw da hwn a'r buddsoddi cyson er mwyn sicrhau bod y caws yn un blasus yn parhau yn yr hufenfeydd sy'n dal yn agored hyd heddiw; yn Llandyrnog (eiddo *Dairy Farmers of Britain*), Chwilog (Hufenfa De Arfon Cyf.), Dyffryn Aeron (eiddo *Lactalis UK*) a *Haverfordwest* (eiddo *Dairy Crest & First Milk*).

Hyd at ganol y 1980au arferid galw caws a wnaed yng Nghymru ac yn Lloegr gaws 'Seisnig': roedd yr holl labeli a hysbysebion yn sôn am gaws 'Seisnig' er ei fod efallai wedi ei wneud yng Nghymru. Nid felly y mae hi bellach fodd bynnag gan fod y gyfraith yn mynnu dangos o ble y daw'r cynnyrch, ac felly caiff caws Cymru ei alw'n gwbl haeddiannol yn gaws o Gymru.

GWNEUD CAWS MEWN HUFENFA HEDDIW

Ceir nifer o hufenfeydd yng Nghymru sy'n parhau i wneud caws hyd heddiw ac amryw ohonynt wedi ennill clod am eu cynnyrch. Ar un adeg roedd hufenfa Hwlffordd yn eiddo i *Kraft* a byddai'r caws *Cheddar* a gynhyrchid yno yn aeddfedu a chael ei becynnu'n Lerpwl a'i alw'n *Crackerbarrel*. Gwerthodd *Unigate* yr hufenfa i gwmni *Dairy Crest* ym mis Gorffennaf 2000. Mae **Haverfordwest Cheese Ltd**, sef enw presennol yr hufenfa, yn gwneud mathau gwahanol o gaws *Cheddar* o laeth lleol sy'n cael ei gludo yno gan *First Milk*. Mae'r caws *Cheddar* Afon Cleddau wedi gwneud enw iddo'i hun fel caws *Cheddar* o safon uchel iawn erbyn hyn.

Golygfa nodweddiadol o gefn gwlad Cymru cyn y 1950au – casglu caniau llaeth yn ardal Corwen

Tanceri llaeth yn Four Crosses. Gellir gweld caniau llaeth hefyd.
Mae caeadau'r tancer ar y dde yn agored.

Dadlwytho caniau a thywallt y llaeth mewn hufenfa yn y 1950au

Lorri casglu caniau llaeth o'r 1940au; eiddo Hufenfa De Arfon, Rhydygwystl, Chwilog

Yn 1957 adeiladodd y Bwrdd Marchnata Llaeth hufenfa menyn a sychu llaeth sgim yn Felin-fach, Dyffryn Aeron. Fe'i helaethwyd yn y 1970au a'i chau yn 1988. Ar ôl cau'r hufenfa adeiladwyd uned i wneud caws ar ddarn o dir gyferbyn â'r hufenfa wreiddiol a dechreuwyd gwneud caws yno yn 1989. Mae'r maidd yn cael ei bibellu'n uniongyrchol i ffatri *Volac International Ltd.* a sefydlwyd yn yr hen hufenfa menyn a sychu llaeth sgim. Yn 1997 gwerthwyd **Caws Dyffryn Aeron** i *Milk Marque*, ac yna yn 2000 i fenter ar y cyd rhwng *First Milk* a *Dairygold* (cwmni cydweithredol o Iwerddon). Yn 2003 fe'i gwerthwyd i *A. McLellands and Sons* (cwmni o'r Alban) ac yn 2004 fe'i gwerthwyd eto, i *Lactalis UK* y tro hwn, cwmni rhyngwladol o Ffrainc.

Mae'r hufenfa'n parhau i wneud caws *Cheddar* yn bennaf ac mae enw da i'r cawsiau *Double Gloucester* a *Red Leicester* hefyd. Parhaodd yr uned becynnu, a oedd yn wreiddiol yn rhan o'r hufenfa, fel uned ar wahân gan *Dairygold* ond fe'i caewyd yn 2006.

Ym mlynyddoedd olaf y 1920au agorwyd hufenfa Dyffryn Clwyd gan gwmni cydweithredol er mwyn gwneud menyn. Cynhyrchid caws ar fferm fechan yn yr ardal ac ymhen byr o dro fe symudwyd y fenter honno i'r hufenfa. Caeodd yn ystod y 1930au cynnar cyn ailagor yn 1935 ac yna daeth i feddiant y *Co-operative Wholesale Society (CWS)* yn 1947. Buddsoddwyd swm mawr o arian i ailadeiladu'r hufenfa a gosod peiriannau newydd. Gorffennwyd y gwaith yn 1976 a'r hufenfa hon oedd yr un fwyaf blaengar yn Ewrop ar y pryd.

Newidiwyd yr enw i **Associated Co-operative Creameries,** Llandyrnog gan barhau i fuddsoddi a datblygu. Buddsoddwyd yn helaeth yn 1990 i sicrhau ei bod yn hufenfa flaenllaw ym myd gwneud caws. Yn y cyfnod hwnnw enillodd wobr Pencampwriaeth y Byd am gaws *Cheddar* aeddfed.

Prynwyd yr hufenfa gan **Dairy Farmers of Britain** ym mis Awst 2004. Eu nod yw parhau i fuddsoddi a datblygu'r safonau uchel a osodwyd gan y perchnogion blaenorol.

Yn 1938 sefydlodd criw o ffermwyr gwmni cydweithredol o'r enw **Hufenfa De Arfon** yn Rhydygwystl, Chwilog er mwyn prosesu llaeth a gesglid ym mhenrhyn Llŷn. Dim ond dau gwmni o'r fath oedd yng Nghymru ac erbyn hyn mae'r llall, Hufenfa Meirion, wedi cau. Eiddo'r aelodau cynhyrchu yw Hufenfa De Arfon a phob un yn cael ei gynrychioli ar y Bwrdd Rheoli. Mae'r hufenfa wedi tyfu erbyn hyn ac er mwyn ateb y gofynion cynhyrchu fe gesglir llaeth o ardaloedd pell i ffwrdd – o Aberystwyth a Dinbych er enghraifft.

Mae Hufenfa De Arfon wedi llwyddo gan fod y rheolwyr wedi gweld ymhell a chael cefnogaeth barhaol y Bwrdd Rheoli. Ers gosod yr offer

Cwmni cydweithredol Eifionydd, rhagflaenydd Hufenfa De Arfon,
ar ddechrau'r ugeinfed ganrif

Llenwi mowldiau caws bloc gyda chaul wedi'i halltu a'i falu yn y 1960au.
Yn y cefndir gwelir y caul yn y mowldiau yn cael ei bwyso a'i addasu yn ôl yr angen.

gwneud caws cyntaf yn 1959 buddsoddwyd yn helaeth yn y fenter. Y buddsoddiadau diweddaraf yw'r rhai sy'n sicrhau bod yr hufenfa'n ateb gofynion Cyfarwyddiadau Amgylcheddol yr Undeb Ewropeaidd. Prif gynnyrch caws yr hufenfa yw'r caws *Cheddar* ond mae'r cawsiau *Leicester*, *Double Gloucester* a *Monterey Jack* yn cael canmoliaeth uchel hefyd. Caws *Cheddar* aeddfed arbenigol yw'r caws Hen Sir, wedi ei becynnu mewn cwyr gwyrdd trawiadol i'w gadw'n ffres.

Arferid gwneud menyn yn hufenfa **Glanbia Cheese Ltd,** Llangefni ond erbyn heddiw caws *Mozzarella* ar gyfer y farchnad pitsas a wneir yno. Cwmni *Glanbia*, proseswr llaeth rhyngwladol o Iwerddon, yw'r perchennog.

Ar ôl i gwmni *Dairy Crest* gau'r hufenfa yng Nghastellnewydd Emlyn yn 1983, gwnaed peth defnydd o'r safle tan iddo gael ei brynu gan *McCain* yn 1988. Yn 1989 dechreuwyd gwneud *Mozzarella* ar gyfer y fasnach pitsas. Gwerthwyd yr hufenfa i **Dansco Dairy Products Ltd**, sy'n dal i wneud caws *Mozzarella* ar y safle. Mae caws *Mozzarella* yn rhan bwysig o'r farchnad caws 'diwydiannol'.

Pecynnu caws Cheddar *mewn haenen o blastig cyn ei roi mewn bocs i aeddfedu, 1960au*

65

Cawselltau gyda thorwyr uwchben ac offer storio yn Hufenfa De Arfon yn y 1960au

CAWS 'BRAND' A CHAWS 'DIWYDIANNOL'

Lansiwyd **Cwmni Caws Eryri** yn 2001 gan griw o ffermwyr a oedd yn awyddus i farchnata amrywiaeth o gawsiau lleol. Mae'r cwmni'n marchnata sawl math o gaws safonol, rhai yn gawsiau naturiol ac eraill gydag ychwanegion a werthir yn gosynnau bychain 200g neu'n gosynnau 3kg mwy wedi eu pecynnu mewn cwyr. Caws *Cheddar* aeddfed yw'r *Black Bomber* gwreiddiol, wedi ei ddewis o hufenfa enwog sydd wedi hen sefydlu yng ngogledd Cymru. Mae Caws Eryri yn gysyniad marchnata gwych sy'n hyrwyddo'r cynnyrch gorau o Gymru.

Coffeir peth o hanes de Cymru gan gaws **Collier.** Roedd cymoedd de Cymru'n adnabyddus oherwydd ansawdd y glo a byddai'r dynion a gloddiai am yr 'aur' tanddaearol yn gweithio'n galed dan amgylchiadau peryglus iawn. Er nad oes pyllau ar waith yn y cymoedd erbyn hyn, mae rhai teuluoedd yn dal i gofio cyfnod y pyllau glo yn fyw iawn. Mae sefydlydd caws *Cheddar Collier's* yn cofio'i dad a'i dad-cu yn gweithio'n y pyllau a'u hoffter mawr o gaws *Cheddar* cryf, yn ogystal â'r caws Caerffili ysgafnach. Gellid dweud felly bod *Collier's* yn coffáu glowyr a diwylliant pyllau glo cymoedd de Cymru.

Caiff caws *Collier's* ei adael i aeddfedu am o leiaf ddeunaw mis er mwyn i'r blas cryf, ychydig yn felys ddatblygu. Mae cynllun y label yn un dramatig iawn, gyda llun wyneb glöwr yn gwisgo helmed ar gefndir du.

Hufenfa Johnstown
Uchod: Hufenfa Johnstown yn y 1970au gyda'r cawselltau ar y dec uchaf, y byrddau malu caul ar y dec isaf a'r caul wedi'i falu yn cael ei yrru i'r mowldiau tunnell. Chwith isaf: y caul mân yn cael ei ollwng i'r mowldiau. De isaf: mowldiau tunnell. Canol: Storfa gaws nodweddiadol o ail hanner yr ugeinfed ganrif. Mae'r blociau caws yn cael eu cadw mewn styllod pren.

Mae cynnydd yn y bwydydd sy'n cynnwys caws ac mae **Ash Manor Cheese Company Ltd** yn Wrecsam wedi bod yn cyflenwi cynhyrchwyr ers 1993. Gan fod cwsmeriaid yn mynnu cawsiau mwy naturiol, o safon uwch, datblygwyd technegau newydd a dulliau cynhyrchu arloesol. Yn ogystal â chynhyrchu caws wedi ei dafellu'n barod, gwneir defnydd helaeth o gaws wedi ei dorri, ei gratio a'i falu'n fân mewn prydau parod. Mae gwneud caws wedi ei falu'n fân (hanner ffordd rhwng caws wedi ei dorri a'i gratio) yn dangos medrusrwydd y cwmni wrth ateb gofynion y cwsmer. Er bod *Ash Manor* yn dibynnu'n helaeth ar gawsiau Cymreig, maent hefyd yn cyflenwi amrywiaeth o gawsiau i'r sector bwyd.

Hufenfa CWS Corwen
Chwith: boileri glo. Canol: gwagio llaeth â llaw i glorian.
De: tanciau dal llaeth gyda'r gofalwr yn edrych drwy'r 'ffenest'.

Gwneuthurwyr caws fferm heddiw

Ar hyn o bryd ceir tua 2,600 o gynhyrchwyr llaeth yng Nghymru gyfan. Yn 1964 roedd 2,606 yn sir Aberteifi yn unig, a chyfanswm o 12,137 yn Nyfed. Erbyn 1984 roedd y niferoedd yn sir Gaerfyrddin wedi gostwng i 1,894 ond hyd heddiw dyma'r ardal sy'n cynhyrchu'r rhan fwyaf o laeth yng Nghymru, a sir Benfro'n ail agos iawn. Mae'r rhan fwyaf o'r gwneuthurwyr caws fferm presennol i'w canfod yn ne-orllewin Cymru.

ABERGAVENNY FINE FOODS LTD.

Ar ôl ymddeol o weithio dramor, penderfynodd Pam a Tony Craske chwilio am dŷ yng Nghymru gydag ychydig erwau o dir a dyna pryd y daethant o hyd i Fferm Pantysgawn ar fynydd Blorens – tŷ wedi mynd â'i ben iddo heb na dŵr na thrydan ond gyda golygfeydd trawiadol. Ar un ochr gwelir coed Dyffryn Wysg; ar yr ochr arall ceir rhostir eang hyd at Flaenafon sydd erbyn hyn yn safle Treftadaeth y Byd.

Fel hanes sawl menter arall, damwain oedd eu menter gwneud caws ar y dechrau. Wrth ailadeiladu'r tŷ er mwyn medru byw ynddo nid oedd modd cael cyflenwad o laeth ffres ac felly prynwyd gafr. Yna daeth rhagor o eifr ac erbyn hynny roedd ganddynt ormod o laeth yn hytrach na phrinder llaeth fel ag y bu hi ar y dechrau. Nid oedd dim amdani ond dechrau gwneud caws o'r llaeth a oedd yn weddill.

Bu dysgu gwneud a gwerthu'r caws yn broses faith ond cafwyd llwyddiant ysgubol yn y diwedd ac erbyn heddiw gwelir caws Pantysgawn ar silffoedd y rhan fwyaf o archfarchnadoedd ac mewn siopau arbenigol. Gwrthodwyd caniatâd cynllunio i ehangu'r gwaith cynhyrchu ym Mhantysgawn gan fod y fferm o fewn ffiniau Parc Cenedlaethol Bannau Brycheiniog ac yn 1990 symudwyd y gwaith o'r fferm i barc Castle Meadows, safle ddiwydiannol ar gyrion y dref.

Ond ni ddirywiodd safon y cynnyrch unigryw hwn. Caws gafr ffres, meddal iawn gydag ychydig o flas lemwn iddo yw caws Pantysgawn. Mewn cystadleuaeth gaws genedlaethol roedd rhai o'r beirniaid yn argyhoeddedig mai dim ond caws o Ffrainc a allai gyrraedd y fath safon uchel. Ceir amrywiaeth o gaws gafr o Bantysgawn, boed yn gaws plaen neu'n gaws gyda blas, er mai'r caws plaen yw'r un mwyaf poblogaidd o hyd.

Mae'r cwmni teuluol yn parhau i dyfu a datblygu. Ymysg y cynnyrch mwyaf poblogaidd mae cawsiau cymysg megis Y Fenni (*Cheddar* gyda hadau mwstard), *Tintern* (*Cheddar* gyda sifys a nionyn), Harlech (*Cheddar* gyda marchruddygl a phersli) ac eraill. Cynhyrchir amrywiaeth eang o fwydydd byrbryd megis *Camembert* mewn briwsion bara erbyn hyn hefyd. Caiff cynnyrch lleol ei ddefnyddio a'i hyrwyddo bob amser pan fo hynny'n bosib.

Er nad yw *Abergavenny Fine Foods* yn ymddangos fel gwneuthurwyr caws fferm traddodiadol, maent wedi mentro a llwyddo a hynny yn wyneb cyfyngiadau a osodwyd arnynt yn wreiddiol gan reolau'r Parc Cenedlaethol.

CASTLE DAIRIES, CAERFFILI

Ffatri potelu llaeth oedd y ffatri hon ar Stad Ddiwydiannol Pontygwindy ar y dechrau. Pan gafodd ei phrynu gan John Lloyd nid oedd unrhyw fwriad i wneud caws yno. Fodd bynnag, yn dilyn y diddordeb cynyddol mewn cawsiau traddodiadol, ar ddiwedd y 1980au penderfynwyd ailddechrau gwneud caws Caerffili yn yr ardal. Astudiwyd yr hen ryseitiau a phrynwyd offer gwneud caws traddodiadol er mwyn defnyddio'r hen ddulliau i wneud y caws.

Nigel, mab John, sy'n gyfrifol am y busnes erbyn heddiw. Daw'r llaeth o ffermydd lleol ac felly gallant olrhain ffynhonnell y llaeth yn ogystal â defnyddio'r cynnyrch fel atyniad twristaidd – caws Caerffili wedi ei wneud yng Nghaerffili gan ddefnyddio llaeth o Gaerffili. Mae'n gaws hufenog gyda gwead lled-agored a blas mwyn, ychydig bach yn hallt. Er bod y rysait yn un poblogaidd sydd wedi cael ei ddefnyddio yn yr ardal ers blynyddoedd, mae'r math diweddaraf o gaws – y cosynnau 3kg traddodiadol a'r cawsiau 400g bychain – yn cael eu pecynnu mewn cwyr gwyrdd. Ar y dechrau, gwnaed hyn ar gyfer y farchnad ymwelwyr ond bellach caiff ei adnabod fel cynnyrch *Castle Dairies*. Mae'r cyngor lleol wedi bod yn gefnogol iawn ers y dechrau ac mae'r digwyddiadau amrywiol a gynhelir gan y fwrdeistref ar gyfer ymwelwyr yn rhoi lle blaenllaw i gaws Caerffili.

Mae sawl math o gynnyrch yn cael ei wneud yn *Castle Dairies* – ambell un ar gyfer y farchnad cynhwysion llaeth, a dyma un o'r ychydig leoedd sy'n dal i wneud menyn Cymreig yng Nghymru erbyn hyn.

CAWS FFERM NANTYBWLA

Gwelir Fferm Nantybwla ychydig filltiroedd y tu allan i dref Caerfyrddin, tref sydd wedi tyfu oddi amgylch afon Tywi wrth iddi lifo tua'r aber a bae

Caerfyrddin. Mae'r ardal yn un ffrwythlon iawn ym maes ffermio a chynhyrchu llaeth.

Pan osodwyd cwotâu llaeth yn 1984 astudiodd Edward ac Eiddwen Morgan hen ryseitiau a dechrau gwneud caws Caerffili traddodiadol yn Nantybwla. Arferai rhai o hynafiaid Eiddwen fynychu'r dosbarthiadau llaeth a chaws yn Aberystwyth ac felly mae cysylltiadau a pharhad hanesyddol yn perthyn i'r fenter hon.

Mae caws Caerffili ifanc a ffres Nantybwla yn un nodweddiadol, er bod caws aeddfetach ar gael yn achlysurol. Mae'r blas ysgafn yn adlewyrchu cyfoeth porfeydd y fuches Jersey a Holstein bedigri, yn

Taflen sy'n hysbysebu Cheddar *Cymreig*

71

ogystal â safon y llaeth a gynhyrchir ganddynt.

Cosynnau 4.5kg traddodiadol a gynhyrchir yn Nantybwla ac fe gaiff ei werthu yn ei grofen, yn ôl y traddodiad. Mae'r cosynnau llai mewn cwyr. Erbyn hyn cynhyrchir amrywiaeth o fathau gwahanol o gaws, yn gaws meddal a rhyw fath o gaws *Cheddar*, yn ogystal â chaws Caerffili gyda chynhwysion eraill wedi'u hychwanegu ato.

Mae caws fferm Nantybwla, fel pob un arall a gynhyrchir yn yr ardal hon, wedi ennill clod a sawl gwobr mewn cystadlaethau cenedlaethol a rhyngwladol.

GEIFR DYFFRYN COTHI

Mae afon Cothi, llednant o afon Tywi, yn llifo rai milltiroedd y tu hwnt i Fferm Cilwr. Ar ôl mynd heibio Abaty Talyllychau a gyrru ar hyd y ffordd gul ger mynedfa'r fferm, fe ymddengys i'r teithiwr ei fod wedi cyrraedd pen ucha'r byd. Caiff olygfa drawiadol ar draws y dyffryn hyd at goedwig Brechfa ar un ochr a mynydd Mallaen ar yr ochr arall. Dim ond tir agored a wêl y llygad ac nid yw'n syndod o gwbl bod Lynn a Richard Beard wedi syrthio mewn cariad â'r lle.

Ym mis Awst 2003 symudodd y teulu o swydd Gaint gyda phum cant o eifr, parlwr godro, offer gwneud caws a chynnwys eu tŷ. Maent yn godro tua 320 o eifr ac yn gwneud cawsiau amrywiol. Mae Richard yn dod yn wreiddiol o le o'r enw Storrington ac mae un o'u cawsiau caled, a adewir i aeddfedu am tua chwe wythnos, wedi ei enwi ar ôl y lle hwnnw. Cawsiau ifanc, ffres ond yn llawn blas yw dau o'r cawsiau meddal, sef *Luddesdown Log* a *Twayblade*. Mae caws *Talley* yn un cymharol newydd, wedi'i orchuddio â llwydni ac yn feddal a hufennog ar ôl aeddfedu.

Nid yw'r rhain ond ychydig o'r cawsiau a gynhyrchir ar Fferm Cilwr. Am beth amser ar ôl symud i Gymru roedd Richard yn dal i fynd â chaws a chig myn geifr (pan oedd ar gael) i farchnad Borough yn Llundain. Yn ôl ei gwsmeriaid rheolaidd roedd ansawdd y cynnyrch wedi gwella'n arw a'r blas yn fwy cyfoethog. Cred Richard mai porfeydd Cymru ac ansawdd y dŵr pur a yfir gan eifr Cilwr sydd i gyfrif am hyn.

Menter deuluol yw Geifr Dyffryn Cothi a bydd y plant, Laura a David, a rhieni Lynn, Mary a Fred Jeffrey, oll yn cynorthwyo yn ôl y galw.

FFERM GORWYDD

Fferm fechan nodweddiadol Gymreig yng nghanolbarth Cymru yw Fferm Gorwydd. Mae'n swatio yng nghesail cymoedd isaf y mynyddoedd Cambriaidd sy'n edrych draw dros Ddyffryn Teifi. Rhyw filltir ar hyd y ffordd mae pentref Llanddewibrefi a Thregaron a'r enwog Gors Caron ymhellach draw.

Treuliodd Todd Trethowan rai blynyddoedd yn dysgu gwneud caws gyda Dougal Campbell, Chris Duckett (sy'n gwneud caws Caerffili yng Ngwlad yr Haf) ac eraill cyn sefydlu yng Ngorwydd yn 1996. Ers hynny ymunodd Maugan a'i wraig Kim gydag ef yn y busnes. Bellach mae caws Gorwydd Caerffili yn adnabyddus yng Nghymru ac yn rhyngwladol.

Er mai dod yma o Gernyw a wnaeth y brodyr Trethowan, roedd rhai o'u cyndeidiau yn hanu o Gymru. Roedd eu mam-gu yn un o'r nifer fawr o weithwyr a adawodd dde Cymru i fynd i'r llaethdai yn Llundain yn ystod y 1930au ac fe ddeuai ei mam hithau o Dalgarth, ardal gaws adnabyddus yn y gorffennol.

Bydd caws Gorwydd Caerffili yn cael ei adael i aeddfedu am o leiaf ddeufis er mwyn datblygu crofen arbennig yn ogystal â blas aeddfed ac ansawdd hufennog. Daw'r llaeth ar gyfer gwneud y caws o ffermydd cyfagos a chan mai llaeth llawn hufen a ddefnyddir, a'r caws yn cael ei adael i aeddfedu yn y ffordd draddodiadol, bydd yn cadw'i holl flas naturiol. Flynyddoedd yn ôl dim ond pobl gefnog fyddai'n bwyta'r caws hwn, neu fe gâi ei gadw at achlysuron arbennig. Mae'n beth da felly fod y brodyr wedi atgyfodi'r math hwn o gaws gan roi cyfle i'r cwsmer fwynhau caws Caerffili aeddfed traddodiadol.

Mae caws Gorwydd Caerffili ymysg y nifer o gawsiau Cymreig sydd wedi derbyn canmoliaeth uchel mewn cystadlaethau. Yn 2005 rhoddwyd iddo'r teitl 'Y Gorau o Brydain' yng Ngwobrau Caws y Byd.

CAWSIAU MERLIN

Mae ymwelwyr wedi cysylltu Aberystwyth â dyffryn serth a choediog Rheidol a Phontarfynach ers blynyddoedd erbyn hyn. Mae Dyffryn Ystwyth yn gorwedd bron yn gyfochrog â Dyffryn Rheidol ac yr un mor hardd ag yntau. Enw'r afon hon sydd ar y dref prifysgol hon. Gwelir Fferm Ty'n Llwyn ar lethrau Dyffryn Ystwyth, ar ôl dilyn lôn drol o bentref mynyddig Pont-rhyd-y-groes.

Pan ddatblygodd merch hynaf Gill Pateman alergedd wrth yfed llaeth buwch tua ugain mlynedd yn ôl, prynodd y teulu afr. Fel sy'n digwydd yn aml, aeth un afr yn ddwy a phan gafodd y teulu lond bol o fwyta pwdin reis, datblygiad naturiol oedd i'r gyn-athrawes economeg y cartref wneud caws gyda'r llaeth a oedd yn weddill. Dyma sut y dechreuwyd gwneud caws *Merlin*.

Yn ogystal â'r caws plaen mwyn ac aeddfed ceir amrywiaeth o fwy na phump ar hugain o wahanol fathau o gaws gyda chynhwysion eraill megis afal, bricyll, helogan, mango a nionyn. Mae'r cosynnau bychain 200g hyn wedi'u pecynnu mewn cwyr lliwgar a'u cau â faciwm.

Ar hyn o bryd nid yw caws *Merlin* ar gael ond y gobaith yw y bydd y sefyllfa'n newid yn fuan.

Mae cwmni cawsiau *Merlin* hefyd yn gweithredu ar ran Caws Cymru, gan wasanaethu gwneuthurwyr caws bychain a chwsmeriaid sy'n dymuno prynu o 'siop-un-stop'.

CAWS TEIFI

Mae afon Teifi yn enwog ymhlith pysgotwyr eogiaid a sewiniaid ond mae'r dyffryn yn adnabyddus am ei gaws rhagorol hefyd.

Sefydlwyd caws Teifi yn 1982 gan John a Patrice Savage-Onstwedder a Paula van Werkhoven a symudodd ill tri o'r Iseldiroedd i Lynhynod tua blwyddyn ynghynt. Mae'r ardal yn frith o fryniau sy'n arwain i lawr tuag at y môr. Gan gadw'n ffyddlon i'w treftadaeth Iseldiraidd, dilynwyd rysáit a defnyddiwyd offer o'r Iseldiroedd ar gyfer gwneud y caws Teifi gwreiddiol.

Ychydig iawn o dir sy'n perthyn i Lynhynod a daw'r holl laeth o ffermydd cyfagos. Mae hyn yn sicrhau fod blas y caws a gynhyrchir yn tarddu o borfeydd traddodiadol yr ardal.

Gwerthir y caws Teifi traddodiadol yn ifanc a ffres gyda gwead llyfn lled-galed megis caws *Gouda*, neu'n gynnyrch deuddeg mis oed sydd wedi'i adael i aeddfedu nes magu blas cneuog arbennig. Gweir amrywiaeth o gawsiau Teifi gyda chynhwysion eraill hefyd – garlleg, perlysiau, cwmin ac yn y blaen ond y caws *Celtic Promise* a'r grofen wedi'i golchi (*washed-rind*) yw cynnyrch mwyaf adnabyddus Glynhynod. Mae'r math arall, *Saval*, sy'n fwy, yn gaws da ond nid yw wedi derbyn yr un croeso â'i frawd bach.

Mae arogl cryf i fflurdyfiant wyneb caws *Celtic Promise* sy'n wrthun gan rai ond dyna natur y math arbennig hwn o gaws. Mae ei flas yn ysgafn a sawrus ac mae'n anodd rhoi'r gorau i'w fwyta ar ôl y gegaid gyntaf. Caws *Celtic Promise* oedd prif bencampwr Gwobrau Caws Prydain yn 1998 ac unwaith eto yn 2005.

Mae llaethdy a siop fferm newydd yn cael eu hadeiladu yng Nglynhynod er mwyn ateb y galw cynyddol am y caws. Cynlluniodd John ffenestr liw hynod a chwbl unigryw ar gyfer mynedfa'r llaethdy newydd. Gall cwsmeriaid fod yn dawel eu meddwl y bydd enw da caws Teifi yn parhau yn y llaethdy newydd wrth i ddulliau gwneud caws gydag offer o'r Iseldiroedd gael eu defnyddio yn yr adrannau cynhyrchu ac aeddfedu newydd.

Caws Teifi

Chwith: caws mewn gwasg. De: cosynnau mawr o gaws Teifi yn y storfa. Sylwer ar y sglein sy'n dangos fod y caws yn barod i gael ei ddosbarthu.

CAWS CENARTH

Bu cryn bryderu ymysg ffermwyr llaeth pan osodwyd y cwotâu llaeth arnynt ym mis Ebrill 1984. Ar y dechrau credai Gwynfor a Thelma Adams, Fferm Glyneithinog mai dim ond dau ddewis oedd ganddynt: talu am or-gynhyrchu neu dywallt y llaeth a oedd yn weddill i lawr y draen. Fodd bynnag, roedd trydydd dewis hefyd – gwneud caws. Dyna sut y sefydlwyd caws Cenarth a'r busnes gwneud caws yn 1984.

Roedd gan ddwy ochr y teulu rywfaint o wybodaeth am sut i wneud caws. Roedd nain Gwynfor wedi mynychu cyrsiau yn Aberystwyth a phan nad oedd y ffatri leol angen llaeth, fel ag a ddigwyddai cyn dyddiau'r Bwrdd Marchnata Llaeth, aed ag ef adref i wneud caws.

Ychwanegwyd medrau marchnata Thelma at y sgiliau gwneud caws a oedd eisoes yn bodoli ac yn fuan iawn daeth caws Cenarth yn gynnyrch cyfarwydd yn y rhan fwyaf o siopau mawrion. Mae Gwynfor yn falch iawn o'i fuches Holstein Friesian a'r llaeth a gynhyrchir ganddynt. Ni fu'n ymdrech fawr i droi Glyneithinog yn fferm organig a cheir cyflenwad digonol o borfa ffrwythlon a dŵr ffynnon pur yno – dwy elfen hanfodol sy'n cyfrannu at flas arbennig y caws.

Mae Gwynfor a Thelma wedi bod yn ffermio yng Nglyneithinog am

Caws Cenarth yn aeddfedu mewn storfa

dros ddeugain mlynedd ac yn ddiweddar trosglwyddwyd awenau'r busnes caws i'w mab, Carwyn, sydd wedi dangos yr un cariad at gaws â'i rieni. Ehangwyd yr amrywiaeth o gaws i gynnwys Perl Wen sy'n llwydo wrth aeddfedu gan ddatblygu crofen o lwydni gwyn, a Pherl Las gyda'i lwydni glas mewnol. Mae'r rhain yn wahanol iawn i'r caws Caerffili traddodiadol ond eisoes dangoswyd eu bod yn gawsiau teilwng a chyffrous iawn yn y detholiad a gynhyrchir gan gaws Cenarth. Mae'r cyflenwad llaeth gwerthfawr yn dal i gael ei gynhyrchu gan yr un fuches laeth ond bellach ffermwr cyfagos sy'n gofalu amdani fel bod Carwyn yn treulio'i amser yn gwneud caws.

Yn y gorffennol, Rhaeadrau Cenarth a hen grefft y pysgotwyr cwrwgl oedd yn denu ymwelwyr i'r ardal ond bellach fe ychwanegwyd caws Cenarth at y rhestr. Gall ymwelwyr weld y caws yn cael ei wneud o oriel uwchben, yn ogystal â phrofi a phrynu caws yn siop y ffaerm.

CAWS CELTICA
Llednant o afon Teifi yw afon Ceri sy'n llifo drwy gefn gwlad bryniog cyn ymuno ag afon Teifi nid nepell o Genarth. Symudodd Roger a Sue Hilditch i Gapel Gwnda a dechrau eu menter ddefaid yn 1993. Daw Sue

o Hampshire yn wreiddiol a Roger o swydd Gaerhirfryn. Nid yw'n syndod fod y ddau wedi syrthio mewn cariad â'r ardal hon.

Gellir olrhain hanes rhannau o'r fferm yn ôl i'r flwyddyn 1747. Honnir bod y ffynnon sydd ar y safle, a fu'n ffynhonnell ddiddiwedd o ddŵr, yn un sanctaidd sy'n medru gwella afiechydon. Nid yw'r fferm nepell o arfordir Bae Ceredigion ac mae'r ddiadell o oddeutu dau gant o ddefaid godro Friesland yn mwynhau awelon y môr, y porfeydd gleision a'r dŵr ffynnon pur.

Y ddiweddar Olivia Mills, sefydlydd Cymdeithas Defaid Godro Prydain a daniodd ddiddordeb y ddau mewn defaid godro a chynhyrchu caws. Dechreuasant y fenter drwy gynhyrchu llaeth i gwmnïau eraill ei brosesu ond yn 1999 lansiodd Roger a Sue eu detholiad eu hunain o gaws dafad.

Bydd Sue yn gwneud y caws mewn llaethdy bychan, effeithiol iawn yn un o adeiladau allanol y fferm. Math o gaws *Pecorino* nodweddiadol yw'r caws *Lammas* plaen. Blas hufennog ffres sydd iddo pan mae'n ifanc ond mae'n well ar ôl aeddfedu am gyfnod a datblygu blas cneuog, ychydig yn felys. Ceir detholiad o gawsiau gyda blas wedi eu hychwanegu atynt hefyd. Caws gyda'r caul wedi'i olchi yw *Beltane* sy'n cael ei wneud mewn modd tebyg i gaws *Gouda* a'i adael i aeddfedu am tua deuddeg mis. Mae'r cawsiau aeddfed hyn yn gynnyrch arbenigol iawn ac yn cael amser i ddatblygu blas cyfoethog neilltuol. Nid yw'n syndod felly fod caws Celtica wedi denu clod iddo'i hun mewn cystadlaethau cenedlaethol a rhyngwladol.

GWNEUTHURWYR CAWS LLANBOIDY

Fferm draddodiadol yng ngorllewin Cymru yw Cilowen mewn ardal o borfeydd breision hyfryd. Ar ddiwrnod braf gellir gweld mynyddoedd y Preseli yn y cefndir. Fodd bynnag, yr hyn sydd i gyfrif am lwyddiant y fferm hon a'r caws a gynhyrchir yno yw'r gwartheg Red Poll hynod.

Dechreuwyd y busnes gwneud caws gan Sue Jones yn 1985 ac ers hynny mae caws Llanboidy wedi sefydlu enw rhyngwladol iddo'i hun. Busnes teuluol bychan ar y fferm ydyw. Caiff y caws ei wneud mewn llaethdy ar wahân gyda'r holl offer angenrheidiol a'i adael i aeddfedu mewn ystafell gerllaw. Mae'r llaeth a ddefnyddir i wneud caws Llanboidy yn cael ei yrru'n uniongyrchol o'r parlwr godro i'r llaethdy, yn gwbl ffres a maethlon ac yn llawn o ddaioni'r hen frîd hwn o wartheg godro.

Yn ddiweddar gwnaed caws organig Cilowen ar y fferm. Llaeth o ffermydd organig cyfagos a ddefnyddir i wneud y caws hwn. Mae'n gaws meddalach, mwy hufennog na chaws Llanboidy. Defnyddir dulliau cynhyrchu traddodiadol a bydd yr holl gawsiau'n aeddfedu'n naturiol fel bod gwedd ddigyffelyb y grofen yn datblygu yn y storfa. Bydd hyn oll yn cyfrannu at flas unigryw y gwahanol fathau o gaws.

Gwead llyfn, sidanaidd sydd i gaws Llanboidy aeddfed a blas cryf unigryw, sbeislyd bron. Mae'r caws ifanc yr un mor dderbyniol ac fe gaiff bara lawr ei ychwanegu ato hefyd. Gwymon bwytadwy sy'n boblogaidd iawn yn ne Cymru yw bara lawr. Er mai cawsiau plaen Llanboidy a Chilowen yw'r rhai mwyaf poblogaidd o hyd, mae'r cwsmeriaid yn gwerthfawrogi'r mathau eraill hefyd, gyda blas wedi'i ychwanegu atynt.

Bydd galw mawr am gawsiau Llanboidy a Chilowen ac fe'u gwelir yn aml iawn ymysg pencampwyr y sioeau cenedlaethol a rhyngwladol.

CAWS FFERM PANT MAWR

Wrth deithio tuag at y dwyrain i gyfeiriad sir Benfro gellir gweld ucheldiroedd mynyddoedd Preseli yn glir. Fferm fechan draddodiadol ar odrau mynyddoedd Preseli yw Pant Mawr. Sefydlodd Cynthia a David Jennings eu busnes yn 1983 ar ôl dychwelyd o Libia a Gogledd Yemen ble buont yn gweithio i fentrau llaeth masnachol. Busnes teuluol yw Pant Mawr ac erbyn hyn mae'r mab, Jason, yn gweithio iddynt hefyd.

Gwneir amrywiaeth o gaws buwch a chaws gafr o laeth lleol. Mae'r llaethdy yn un modern gyda'r holl offer angenrheidiol ond fe gaiff pob caws ei wneud gan ddefnyddio dulliau traddodiadol a rhoddir enwau lleoedd lleol ar y bob un. Caws buwch gyda gwead agored heb ei wasgu yw caws Cerwyn a'i flas fel menyn ond yn fwyn. Blas cneuog, cryf, unigryw sydd i'r caws aeddfed a adawyd i aeddfedu am oddeutu bum i chwe mis.

Mae blas caws gafr caled y Graig yn amrywio gan ddibynnu a yw hi'n aeaf neu'n haf. Mae'r caws a wneir o laeth yr haf yn gryf gydag ychydig o felyster i'w flas, tra bo'r caws a wneir o laeth y gaeaf yn friwsionllyd a'i ansawdd bron fel sialc. Mae'r ddau gaws yn adlewyrchu'r tymhorau gan ddangos yn glir pam mae caws fferm a gynhyrchir ar raddfa fechan mor atyniadol, yn enwedig pan fo'r prynwr yn chwilio am rywbeth naturiol a gwahanol. Nid yw'n syndod felly fod caws Pant Mawr wedi ennill gwobr aur yng Ngwobrau Caws y Byd.

Ni all ymwelwyr weld y cawsiau'n cael eu gwneud am resymau ymarferol ond gellir profi'r gwahanol fathau yn siop y fferm. Y siop hon yw swyddfa Bost pentref cyfagos Rosebush a Cynthia yw'r bostfeistres ddau fore'r wythnos. Mae'r cyfleustra hwn yn un gwerthfawr iawn mewn ardal wledig ac yn cael ei werthfawrogi'n arw gan y gymuned leol.

Detholiad o gaws Pant Mawr

CAWS FFERM LLANGLOFFAN

Mae'r enw Llangloffan yn adnabyddus ledled y byd. Pentref bychan dafliad carreg o arfordir gogleddol sir Benfro ydyw ac fe'i gwelir ar unrhyw atlas moduro o Ynysoedd Prydain dan yr enw Y Ganolfan Gaws.

Dechreuodd Joan a Leon Downey wneud caws yn Llangloffan yn 1977. Leon sydd wedi bod yn gwneud y caws ers wyth ar hugain o flynyddoedd – gan ddefnyddio llaeth ei fuches Jersey fechan ar y dechrau ond yn ddiweddar bu'n defnyddio llaeth o fferm gyfagos. Dim ond pan fo'r da godro allan yn pori yn y caeau y cynhyrchir y caws. Gwnaed y caws diwethaf yn Llangloffan ar y 29ain o fis Hydref 2005 ond bydd eraill yn parhau i wneud caws gan ddefnyddio rysáit Leon, gyda'i gymorth ef ar y dechrau.

Gellir olrhain hanes rysáit caws Llangloffan i nain Leon a arferai wneud math o gaws Caer. Roedd ei ansawdd yn eithaf briwsionllyd a'i flas yn gyfoethog a llawn. Mae'r fersiwn wedi'i liwio yn fwy nodweddiadol o'r caws Caer hen ffasiwn.

Bu Joan a Leon Downey yn bleidiol iawn i gawsiau llaeth crai ac yn allweddol iawn yn y frwydr i adfywio'r crefftau fferm traddodiadol. Ar adegau bu dadlau brwd rhwng Leon a phobl heb fawr o ddealltwriaeth am brosesau gwneud caws ac fe ddylanwadodd hynny, yn ogystal â'r

Caws Llangloffan

rheolau biwrocrataidd cynyddol sy'n cael eu gosod gerbron yr holl gynhyrchwyr bwyd, ar ei benderfyniad i ymddeol.

Leon oedd prif ganwr fiola Cerddorfa'r Halle cyn iddo ef a Joan brynu Llangloffan yn 1976 ac nid yw ei gariad at gerddoriaeth wedi pylu dim. Bydd y ganolfan gaws, y siop a'r bwyty yn parhau yn Llangloffan tra bydd gan Leon fwy o amser i fwynhau ei gerddoriaeth, ac i arwain ac annog eraill o bob oed i rannu ei frwdfrydedd.

CAWS CAERFAI

Cafodd dinas Tyddewi yn sir Benfro ei henwi ar ôl nawddsant Cymru a hi yw dinas leiaf Prydain. Gerllaw mae sawl bae bychan gyda chlogwyni serth yn wynebu Bae Sain Ffraid. Un o'r rhain yw Bae Caerfai – traeth bychan tywodlyd yn llawn pyllau hynod ddiddorol. Ceir golygfeydd trawiadol a dolydd gleision bendigedig ar yr arfordir maith. Mae'r borfa'n gymysgedd o weiriau arfordirol sy'n ychwanegu at flas y llaeth a'r caws a gynhyrchir o laeth y da godro sy'n pori yno. Mae'r tywydd yn fwyn ac fe all y gwartheg bori allan yn yr awyr iach o'r gwanwyn tan fis Rhagfyr.

Bu tad a thaid Wyn Evans yn ffermio yng Nghaerfai o'i flaen, ond yn 1991 y dechreuodd Wyn a Christine Evans ffermio'n organig yno. Gyda chymorth ac arweiniad Dougal Campbell dechreuasant wneud caws yn 1994. Roedd caws *Cheddar* Caerfai yn debyg iawn i'r caws Ty'n Grug a wnaed gan Dougal. Mae Wyn yn cydnabod ei ddyled i Dougal ac mae'n dda gweld bod athroniaeth a phrofiad Dougal yn parhau hyd heddiw.

Busnes teuluol yw Caerfai sy'n sicrhau incwm rheolaidd o'r bythynnod gwyliau a'r busnes caws. Heddiw mae cenhedlaeth newydd yn gwneud y caws gyda chymorth eu tad. Nod Caerfai yw medru cynhyrchu digon o drydan i fod yn hunangynhaliol a gwneud caws gan ddefnyddio egni adnewyddadwy yn unig. Mae'r paneli solar, y gwres daearol, y felin wynt ar yr arfordir a'r peiriant i drin biswail y gwartheg (sy'n cyfateb i tua thair galwyn o danwydd olew) yn gymorth i wireddu'r freuddwyd o fedru bod yn hunangynhaliol drwy ddefnyddio egni amgen.

Gwerthir y rhan fwyaf o gaws Caerfai – *Cheddar*, Caerffili a Chaerffili gyda chennin – yn lleol. Mae'r ardal yn dibynnu llawer ar y diwydiant ymwelwyr a thra bod caws Caerfai wedi ennill gwobrau lu mewn cystadlaethau, y wobr orau yw gweld cwsmer yn prynu'r cynnyrch eilwaith.

FFERM QUIRT

Mae Ynys Môn yn enwog am ei phorfeydd gleision a'i gwartheg graenus. Ceir yno dir ffrwythlon gyda digon o borfa a thywydd mwyn. Gwelir Fferm Quirt nid nepell o gulfor Menai mewn man cysgodol yn y rhan honno o'r ynys. Oherwydd hyn gall Richard Davies adael ei wartheg allan i bori gydol y flwyddyn – dull sy'n cael ei ddefnyddio yn Seland Newydd hefyd.

Mae tua chant o wartheg godro Friesian a gwartheg godro croes Friesian a Jersey yn Quirt ac fel sy'n wir yn hanes cynhyrchu ar ffermydd eraill, damwain oedd dechrau gwneud caws yn Fferm Quirt hefyd. Roedd yn rhaid i Huw, un o blant Margaret a Richard, wneud gwaith ymchwil fel rhan o'i gwrs pan oedd yn astudio ym Mhrifysgol Cymru Bangor. Dewisodd astudio caws fferm ac fe daniodd hyn ddychymyg gweddill y teulu. Mynychodd Margaret gwrs byr yng Ngholeg Menai yn 2001 ac yno y gwnaed y caws Gorau Glas cyntaf yn 2002.

Caws sy'n pwyso 400g yw Gorau Glas gyda llwydni glas mewnol a llwydni gwyrddlas ar y tu allan fel bod iddo flas cytbwys, cyfoethog. Mae'n gaws meddal a hufennog. Mae'r caws 200g llai o'r enw Babi Glas yr un mor flasus. Gosodwyd Gorau Glas yn nosbarth y cawsiau newydd yng nghystadleuaeth Cawsiau Prydain 2002 ac fe enillodd y wobr aur gyda chanmoliaeth uchel.

Defnyddiwyd adnoddau cynhyrchu Coleg Menai gerllaw am gyfnod ond byddai'r caws yn aeddfedu ar y fferm. Heddiw gwelir llaethdy hunangynhwysol llawn offer yn un o adeiladau allanol y fferm ac mae'r caws yn cael ei wneud yn gyfangwbl ar Fferm Quirt ei hun erbyn hyn. Mae'r teulu cyfan wedi bod yn rhan o'r arallgyfeirio hwn.

FFERM KNOLTON

Mae caws Caer wedi bodoli ers dyddiau cynnar gwneud caws. Roedd cysylltiad rhwng siroedd Seisnig swydd Caer a swydd Amwythig yn ogystal â Dyffryn Clwyd yng Nghymru a chaws Caer cyn oes y Rhufeiniaid hyd yn oed. Er bod rhai ffermydd ar y ffin yn parhau i wneud caws Caer, y teulu Latham ar Fferm Knolton yw'r unig rai sy'n dal i gynnal traddodiad gwneud caws fferm ar ochr Cymru.

Ni thalwyd fawr o sylw i'r ffin rhwng Cymru a Lloegr yn y byd amaethyddiaeth na chynhyrchu caws. Ganed Mrs Eileen Latham yn 1915 yn Longford Grange, Market Drayton, swydd Amwythig ac fe symudodd i Fferm Knolton gyda'i gŵr Robert (Bob) yn 1940. Roedd ei mam yn dod o ardal y Trallwng yng Nghymru. Mae Mrs Latham yn wraig hynod sydd wedi cofnodi hanes ei theulu ei hun a hanes teulu ei gŵr a fu'n byw yn ardal Owrtyn a'r cyffiniau am sawl canrif.

Pan symudodd Mr a Mrs Latham i Fferm Knolton roedd yn gyfnod o ryfel, cyfnod llawn cyfyngiadau caeth, ac ni ddechreuasant wneud caws eto tan 1955. Daeth Bob Latham yn aelod o'r Ffederasiwn Caws Caer ac ym mis Mehefin y flwyddyn honno fe dderbyniodd ei dâl cyntaf am wneud caws – £452-9-1c, cynnydd sylweddol o'i gymharu â £349 y tâl llaeth blaenorol.

Disgrifia Mrs Latham effeithiau torcalonnus clwy'r traed a'r genau ar yr ardal, yr achos cyntaf yn 1960 a'r ail yn 1967. Mae gwytnwch y gymuned amaethyddol yn amlwg yn ei gwaith ac ym mharhâd y traddodiad gwneud caws yn yr ardal.

Wrth ymchwilio i hanes y teulu Latham, daeth Mrs Eileen Latham o hyd i gofnodion teulu amrywiol sy'n dangos pwysigrwydd caws yn yr ardal. Mae rhestr *Goods and Chattels'* Robert Latham a fu farw ar y 4ydd o fis Ebrill 1733 yn cynnwys y canlynol:

10 buwch sy'n werth	£30. 0.0c
Gwasg gaws	18.0c
4 cawsellt	15.0c
Pecyn o gaws	18. 0.0c

Nid yw'n dweud faint yn union o gaws oedd yn y pecyn ond mae'n debyg ei fod yn swm sylweddol.

Mr Jonathan Latham (mab Eileen a Robert Latham) a'i wraig Russel sy'n gyfrifol am y busnes gwneud a gwerthu caws erbyn hyn. Gwneir mathau eraill o gaws, yn ogystal â chynnyrch llaeth eraill, ond y cynnyrch mwyaf llwyddiannus yw caws lemwn Mrs Latham, sy'n tarddu o rysáit gwreiddiol a wnaed ar gyfer Napoleon y Trydydd. Mae hwn yn llwyddiannus iawn mewn marchnadoedd ffermwyr yng ngogledd Cymru a thros y ffin yng Nghaer.

PLAS FARM CYF.

Y gred gyffredin yw bod caws bwthyn 'Americanaidd' yn gynnyrch diwydiannol sy'n cael ei wneud ar raddfa fawr. Serch hynny fe all gael ei wneud ar raddfa fechan ar fferm hefyd fel ag a ddigwyddodd ym Mhlas Farm ar Ynys Môn gan ddefnyddio llaeth organig.

Datblygwyd bwydydd eraill gyda a heb laeth ac yn 1988 symudwyd y gwaith o'r fferm i'r lleoliad presennol ar stad ddiwydiannol gyfagos. Yn ogystal â'r caws bwthyn mae'r cwmni'n gwneud amrywiaeth o gaws hufen organig naturiol a chaws hufen gyda blas i'w gwerthu mewn siopau ac i'r diwydiant arlwyo.

Mae Plas Farm yn gwneud amryw fathau o hufen iâ, pwdinau llaeth wedi'u rhewi, colslo a salad tatws yn ogystal â nifer o fwydydd iach eraill.

PONT GÂR (CWMNI CAWS CAERFYRDDIN CYF.)

Ffurfiwyd Cwmni Caws Caerfyrddin Cyf. ar ddechrau 2006 ac fe wnaed y caws cyntaf ar y cyntaf o fis Ebrill ym Mharc Bwyd Horeb, Llandysul. Mae gan Sian Elin a Steve Peace flynyddoedd o brofiad o weithio yn y diwydiant llaeth, yn enwedig ym maes gwneud caws. Daeth cyfle iddynt ddefnyddio dwy uwch-uned fwyd yn y Parc Bwyd, ble gosodwyd offer i gynhyrchu ac aeddfedu amrywiaeth o gawsiau meddal gan ddefnyddio meithriniad llwydni gwyn a glas.

Defnyddir llaeth lleol er mwyn medru sicrhau ei fod o safon uchel ac yn ddiledryw. Caiff y cawsiau meddal eu marchnata o dan yr enw Pont Gâr. Defnyddir dulliau traddodiadol i'w gwneud ac ar ôl blasu peth o'r cynnyrch cyntaf, gallaf dystio eu bod yn ychwanegiad blasus iawn i'r amryw gawsiau sy'n defnyddio llwydni i aeddfedu.

Caiff caws Llangloffan ei wneud ar y safle hwn hefyd, dan arweiniad Leon Downey. Bydd hyn yn sicrhau bod y rysáit traddodiadol yn parhau a'r safon yn cael ei chynnal, ac na fydd caws Cymreig Llangloffan yn diflannu.

Y bwriad yw symud o'r Parc Bwyd i fferm o fewn y tair blynedd nesaf. Yn y cyfamser, mae'r gwneuthurwyr yn ennill profiad gwerthfawr mewn gwneud a marchnata mathau newydd o gaws Cymreig.

CAWS HAFOD

Dyma fenter newydd Sam a Rachel Holden ar fferm y teulu ger Llangybi. Fferm Bwlchwernen yw fferm laeth organig hynaf Cymru. Mae'r fuches Ayrshire yn cynhyrchu llaeth hufennog bras sy'n addas iawn ar gyfer gwneud caws caled. Mae Sam wedi bod yn gwneud caws gyda Simon Jones sy'n enwog am ei *Lincolnshire Poacher* ac a ddysgodd y grefft o wneud caws gyda Dougal Campbell. Nid oes yr un ganolfan hyfforddi yng Nghymru bellach felly mae'n braf gwybod bod y grefft yn cael ei throsglwyddo, ac yn yr achos hwn yn dychwelyd o Loegr i Gymru. Mae'r enw Hafod yn ein hatgoffa o'r hen draddodiad Cymreig o symud o un tir pori i'r llall ac mae porfeydd gwartheg Bwlchwernen yn rhoi blas naturiol hyfryd i'r llaeth a'r caws.

Caws caled o laeth buwch heb ei basteureiddio fydd caws Hafod ac fe'i gadewir i aeddfedu am o leiaf naw mis. Y gobaith yw dechrau gwneud y caws cyn diwedd 2006.

CAWS MYNYDD DU

Atgyfodwyd y traddodiad gwneud math o gaws Caerffili yn ardal Talgarth yn ddiweddar. Dechreuodd Helen ac Andrew Meredith wneud caws o laeth defaid Poll Dorset wedi'u croesi â defaid Dorset yn ystod mis Tachwedd 2005. Ar y dechrau byddai'r llaeth yn cael ei anfon i ffwrdd i wneud hufen iâ ond roedd y traddodiad gwneud caws yn rhan o deulu Andrew ac ar ôl dod o hyd i'r hen wasg gaws ac offer eraill ni allent beidio â mynd ati i atgyfodi'r hen grefft deuluol.

Mae *Lodge Farm* o fewn ffiniau Parc Cenedlaethol Bannau Brycheiniog ac fe gymerodd beth amser iddynt ateb gofynion dadleuol y Parc a chydymffurfio â'r gofynion cynhyrchu presennol.

Mae hen ysgubor wedi ei throi'n lle i wneud a storio'r caws. Math o gaws Caerffili ydyw sy'n cael ei adael i aeddfedu yn seler y ffermdy am oddeutu wyth wythnos. Cynhyrchir dau faint – cosyn 8kg a chosyn 1kg. Mae'r caws hwn yn ychwanegiad derbyniol tu hwnt at y mathau gwahanol o gaws dafad a werthir heddiw.

Gwerthwyr caws Cymru

Mae enw ar gaws pob hufenfa ac fe ellir dod o hyd i'r cawsiau hyn yn yr archfarchnadoedd mwyaf. Nodir yn glir o ble y daw'r cawsiau, megis Afon Cleddau (*Haverfordwest Cheese Ltd.*), *Welsh Gold* (Caws Dyffryn Aeron), Cadog (*Dairy Farmers of Britain*, Llandyrnog) a Hen Sir (Hufenfa De Arfon Cyf. Chwilog).

Gellir prynu mathau eraill o gaws megis y detholiad poblogaidd o gawsiau Eryri mewn archfarchnadoedd, siopau arbenigol a thrwy eu safle gwe www.snowdoniacheese.co.uk. Ceir gwybodaeth am y *Collier's Cheddar* blasus ar y safle gwe www.collierscymreig.com.

Sefydlwyd cwmni cyfyngedig Caws Cymru *Cheeses from Wales Ltd.* i hyrwyddo a gwerthu dewis eang o gawsiau Cymreig o un ffynhonnell. Gellir anfon caws i unrhyw ardal yn y DU drwy gysylltu â'r cwmni:

Siop cwmni cydweithredol Hufenfa De Arfon ar y Maes ym Mhwllheli yn y 1980au

Caws Cyrmu *Cheeses from Wales Ltd.*
Tyn-y-Llwyn
Pont-rhyd-y-groes
Ystradmeurig
Ceredigion SY25 6DP
Ffôn: 01239 891574
E-bost: enquiries@cheesesfromwales.co.uk

Gellir prynu caws Cymru mewn nifer o siopau arbenigol, siopau fferm, ffeiriau bwyd, marchnadoedd ffermwyr a sioeau amaethyddol. Gwerthir cynnyrch lleol a rhanbarthol ar ei orau yn y mannau hyn a rhai pethau na welir mohonynt ar silffoedd yr archfarchnadoedd mawrion. Mae blas caws fferm arbenigol yn newid drwy'r amser ac nid yw ar gael drwy'r flwyddyn; gan ei fod yn gynnyrch naturiol mae'n adlewyrchu'r tymor a chrefft y gwneuthurwr caws.

Mae llawer o westai Cymru yn hyrwyddo cynnyrch lleol a chawsiau Cymreig, a nifer o gyfanwerthwyr megis Caws Cymru *Cheeses from Wales Ltd.* a Blas ar Fwyd yn dosbarthu cawsiau Cymru ledled y wlad. Y tro nesaf y byddwch yn mynd allan am bryd o fwyd, gofynnwch am gaws o Gymru: mae'r gwneuthurwyr caws yn dibynnu ar gwsmeriaid er mwyn llwyddo'n economaidd ac mae eu dyfodol yn eich dwylo chi.

Brian Lowther, Pencraig, Llanarmon yn anfon y caniau llaeth olaf i Hufenfa De Arfon, Rhydygwystl yn 1996. Mae'r cofnodion swyddogol yn dangos bod yr holl laeth a gesglid o ffermydd Cymru yn cael eu casglu mewn tanceri erbyn 1980 ond ceid cytundebau arbennig â chwmnïau cydweithredol.

A 1960s creamery. Above: cheese in the process of being textured. Blocks being turned to aid the process. Below: mechanical cutting of the blocks before turning again. The texture changes from a mat of crumbs to that resembling chicken breast.

LLYFRYDDIAETH

Cheke, V. *The Story of Cheesemaking in Britain* (Llundain: Routledge & Kegan Paul, 1959).

Elias, T. *Cattle/Gwartheg* (Llanrwst: Gwasg Carreg Gwalch, 2000).

Evans, J. *Letters written during a tour through South Wales* (Llundain: Board of Agriculture Review on State of Agriculture in Glamorganshire, 1804).

———. *The Beauties of England and Wales* Vol. XVII, Part I (1812).

Fox, J. *General View of the Agriculture of the County of Glamorgan* (Llundain: Board of Agriculture Review on State of Agriculture in Wales, 1794).

Hassall, C. *General View of the Agriculture of the County of Carmarthen* (Llundain: Board of Agriculture Review on State of Agriculture in Wales, 1794).

———. *General View of the Agriculture of the County of Pembrokeshire.* (Llundain: Board of Agriculture Review on State of Agriculture in Wales, 1794).

Hughes, H. *An Uprooted Community: a History of Epynt* (Llandysul: Gomer, 1998).

Hughes, J. 'Cosynnau Caws Cernyw', *Y Gadlas* 2.4-5 (Mai-Mehefin 1977).

Latham, E. *My Three Score Years and Ten* (cyhoeddiad preifat, 1985).

Lewis, J. 'Some aspects of the History and Development of Dairying in Cardiganshire' (Traethawd ymchwil: Prifysgol Cymru, 1948).

Kay, G. *General View of the Agriculture of North Wales* (Board of Agriculture Review on State of Agriculture in Wales, 1794).

Rance, P. *The Great British Cheese Book* (Llundain: Macmillan, 1982).

Reed, C. S. 'On the Farming of South Wales', *Journal of the Agricultural Society of England* X , Article VI 122 (1849).

Tibbott, M. 'Cheese-Making in Glamorgan', *Journal of Ethnological Studies* 34 (1995-1996): pp. 64-79.

Vieth P. 'Micro-organisms and their Action on Milk & Milk Products', *Journal of the Royal Society of England* 23 (1887): pp. 374-402.

Wall, Barrow W. 'The Agriculture of Pembrokeshire', *Journal of the Royal Society of England* 23 (1887): p. 70.

Williams, J. Gwynn. *The University College of North Wales: Foundations 1884-1927* (Caerdydd: Gwasg Prifysgol Cymru, 1985).

University College of North Wales Calendar for the Year 1892-3 Part II, 'Out-College Work in Agriculture'.

ATODIAD
Cynhyrchwyr a chyflenwyr caws Cymru

BLAS AR FWYD

Delicatessen, siop win a
chyfanwerthwyr caws
Cymru
Heol yr Orsaf
Llanrwst
LL26 0BT
Ffôn: 01492 640215
Ffacs: 01492 642215
Ebost: info@blasarfwyd.com
Gwefan: www.blasarfwyd.com
Cyswllt: Deiniol ap Dafydd
a Chandra Dafydd

CASTLE DAIRIES

Stad Ddiwydiannol Pontygwindy
Caerffili
CF83 3HU
Ffôn: 02920 883981
Ffacs: 02920886506
Ebost: Nigel@castledairies.co.uk
Cyswllt: Nigel Lloyd
Ymwelwyr: drwy drefniant ymlaen llaw yn unig
Gwefan: www.castledairies.co.uk

ABERGAVENNY FINE FOODS LTD.
Castle Meadows Park
Y Fenni
NP7 7RZ
Ffôn: 01873 850001 Ffacs: 01873 850002
Ebost: brysonc@abergavenny.co.uk
Cyswllt: Bryson Craske
Ymwelwyr: drwy drefniant ymlaen llaw yn unig

CAWS PANTYSGAWN

NANTYBWLA

Ffordd y Coleg
Caerfyrddin, SA31 3QS
Ffôn: 01267 237905
Cyswllt: Edward Morgan
Ymwelwyr: drwy drefniant
ymlaen llaw yn unig

CILWR

Talyllychau
Llandeilo
Sir Gaerfyrddin, SA19 7BQ
Ffôn a Ffacs: 01558 685555
Ebost: goat@homested.fsbusiness.co.uk
Cyswllt: Richard Beard
Ymwelwyr: drwy drefniant ymlaen llaw
yn unig

HUFENFA DE ARFON
Rhydygwystl
Chwilog
Gwynedd, LL53 6SB
Ffôn: 01766 810251 Ffacs: 01766 810578 Ebost: mail@sccwales.co.uk
Gwefan: www.sccwales.co.uk

TRETHOWAN'S DAIRY LTD.

Gorwydd Farm
Llanddewibrefi
Tregaron
Ceredigion, SY25 6NY
Ffôn: 01570 493516
Ffacs: 01570 493274
Ebost:
enquiries@trethowansdairy.co.uk
Gwefan: www.gorwydd.com
Cyswllt: Maugan Trethowan
Ymwelwyr: drwy drefniant
ymlaen llaw yn unig

CAWSIAU MERLIN

Pont-rhyd-y-groes
Ystrad Meurig
Ceredigion, SY25 6DP
Ffôn: 01239 891574
Ffacs: 07813 876013
Ebost: enquiries@cheesesfromwales.co.uk
Cyswllt: Gill Pateman
Ymwelwyr: drwy drefniant ymlaen llaw
yn unig

COLLIER'S

Cheddar Pwerus Cymreig
Fayrefields Foods Ltd.
P.O. Box 89
Crughywel
NP8 1XF
www.collierscymreig.com

CAWS TEIFI

Glynhynod
Ffostrasol
Llandysul
Ceredigion, SA44 5JY
Ffôn: 01239 851528
Ffacs: 01239 851528
Ebost: john@teificheese.com
Cyswllt: John Savage
Ymwelwyr: drwy drefniant ymlaen llaw
yn unig
Siop fferm ar y safle

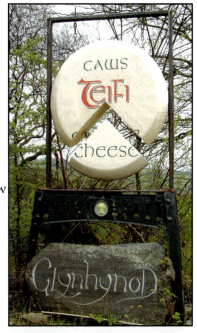

CAWS CENARTH

Fferm Glyneithinog
Pontseli
Boncath
Ceredigion, SA37 0LH
Ffôn: 01239 710432
Ffacs: 01239 710432
Ebost: cenarth.cheese@virgin.net
Cyswllt: Carwyn Adams
Ymwelwyr: mae croeso i'r galeri wylio. Siop fferm ar y safle.
Gwefan: www.welshorganiccheese.com

CAWS LLANBOIDY

Cilowen Uchaf
Login
Hendy-gwyn ar Daf
Sir Gaerfyrddin, SA34 0TJ
Ffôn: 01994 448303
Ffacs: 01994 448303
Ebost: sue@llanboidycheese.co.uk
Cyswllt: Sue Jones
Ymwelwyr: drwy drefniant ymlaen
llaw yn unig
Gwefan: www.llanboidycheese.co.uk

CAWS KNOLTON

Owrtyn,
Wrecsam, LL13 0LG
Ffôn: 01978 710221
Ffacs: 01978 710821
Cyswllt: Jonathan Latham

CAWS PANT MAWR

Rosebush
Clunderwen
Sir Benfro, SA66 7QU
Ffôn: 01437 532627
Ffacs: 01437 532627
Ebost: david@pantmawrcheeses.co.uk
Cyswllt: David Jennings
Ymwelwyr: drwy drefniant ymlaen llaw
yn unig. Siop fferm ar y safle.
Gwefan: www.pantmawrcheeses.co.uk

CAWS LLANGLOFFAN

Casmorys
Hwlffordd
Sir Benfro, SA62 5ET
Ffôn: 01348 891241
Ffacs: 0870 0558 159
Ebost:
admin@welshcheese.co.uk
Cyswllt: Leon Downey
Ymwelwyr: drwy drefniant
ymlaen llaw yn unig
Gwefan: www.welshcheese.co.uk

CAWS CAERFAI

Caerfai
Tyddewi
Hwlffordd
Sir Benfro, SA62 5QT
Ffôn: 01437 720548
Ffacs: 01437 720548
Cyswllt: Wyn Evans
Ymwelwyr: drwy drefniant
ymlaen llaw yn unig. Siop fferm.
Gwefan: www.caerfai.co.uk

CAWS CELTICA
Capel Gwnda
Rhydlewis
Llandysul
Ceredigion, SA44 5RN
Ffôn: 01239 851419 Ffacs: 01239 851419
Ebost: info@cawsceltica-farmhousecheese.co.uk
Cyswllt: Sue Hilditch
Ymwelwyr: drwy drefniant ymlaen llaw yn unig
Gwefan: www.cawsceltica-farmhousecheese.co.uk

FFERM QUIRT
Dwyran
Môn, LL61 6BZ
Ffôn: 01248 430570
Ebost: rodavies2001@yahoo.com
Cyswllt: Margaret Davies
Ymwelwyr: drwy drefniant
ymlaen llaw yn unig

CAWS ERYRI

Uned B6
Trem y Dyffryn
Stad Ddiwydiannol
Colomendy
Dinbych LL16 5TX
Ffôn: 01745 813388
Ffacs: 01745 813550
Gwefan:www.snowdonia-cheese.co.uk

CAWS HAFOD
Bwlchwernen Fawr
Llangybi
Llanbedr Pont Steffan, SA48 8PS
Ffôn: 01570 493427
Ebost: SamuelHolden@hotmail.com
Cyswllt: Samuel Holden

CAWS CYMRU
Wervile Grange
Pentregat
Plwmp
SA44 6HW
Ffôn: 01239 654800
Cyswllt: Richard Harris a Theo Bond

CAWS MYNYDD DU
Lodge Farm
Talgarth
Aberhonddu
LD3 0DP
Ffôn: 01874 711812
Cyswllt:
Andrew a Helen Meredith
Ebost: Meredith@swi.co.uk

PLAS FARM LTD.
Celtic House
Gaerwen
Môn LL60 6HR
Ffôn: 01248 422011
Ffacs: 01248 422003
Ebost: plas@anchor.co.uk
Cyswllt: David Williams
Ymwelwyr: drwy drefniant
ymlaen llaw yn unig

CAWS SIR GÂR

Boksburg Hall
Llanllwch
Sir Gaerfyrddin, SA31 3RN
Ffôn: 01267 221168
Ebost: datryssolutions@btinternet.com
Cyswllt: Steve Peace
Ymwelwyr â'r Parc Bwyd: drwy drefniant ymlaen llaw yn unig

SIOP FFERM LLWYNHELYG

Siop fferm sy'n arbenigo ar gaws Cymru
Sarnau
Llandysul
Ceredigion
SA44 6QU
Ffôn: 01239 811079
Cyswllt:
Teifi a Jenny Davies

MARCHNADOEDD FFERMWYR

www.fmiw.co.uk

Gwefan ddefnyddiol yn rhestru'r wybodaeth ddiweddaraf ynglŷn â lle a phryd y cynhelir y marchnadoedd hyn – sy'n cynnwys stondinau caws Cymreig bron yn ddieithriad. Mae cyswllt rhyngddi a nifer o wefannau marchnadoedd unigol.